稼ぐまちが地方を変える

誰も言わなかった10の鉄則

木下 斉 Kinoshita Hitoshi

NHK出版新書
460

はじめに

本書は、私が高校一年からの一七年間で経験してきた「まちづくり」に関する取り組みの実体験と、その実体験にもとづく、「稼ぐための教訓」を本音だけでまとめた一冊です。

地域を元気にしていこうという取り組みは、極めて公共的なものですが、行政の専売特許ではありません。限りある資源を有効活用して事業を運営するのは、民間の得意分野です。右肩上がりの時代が去った今だからこそ、民間が中心となった地域活性化が必要と考えて私たちはいろいろな事業に取り組んできました。

私が地域で事業を行うときにはいつも、「まちを一つの会社に見立てて経営する」ことを基本にしています。

資金調達し、投資し、回収して、利益をあげ、それを元手としてさらに新しい事業に再投資する。このサイクルをまちの経営で徹底することが重要なのです。

行政も同様です。道路を通して周辺を整地すれば、その整地した土地を購入し、住宅や店舗を建てる人が出てくる。土地と建物からは固定資産税を、そこに住む人たちからは住民税・所得税を徴収出来るわけです。誰も土地を使わず、何も建たなければ、自治体は赤字になります。

行政も経営を意識し、人口が減少するなか、どうやって確実に事業を成立させるか、さらに言えば、まちの利益率を従来よりどうあげていくかを考えなくてはなりません。今までのやり方を続ける限り、収入が減る分だけ公共サービスの量と質を低下させるしかありません。しかし、まちを一つの会社に見立てて経営し、稼ぎを増やせば公共サービスをさらに充実させることも可能になります。

つまり、民間は言うまでもなく、行政も含めて、まちを一つの会社と見立て、「稼ぐ」という意識で行動していくことが不可欠なのです。

本書では、「まちを経営する」という視点に立って、実践者が各地で必ずぶち当たる壁とその回避方法を、「10の鉄則」としてまとめています。

この「10の鉄則」は、私自身のお恥ずかしい失敗の歴史から導き出されたものです。詳しくは本文で述べますが、「高校生社長」だなんて持ち上げられながらも無力だった学生時代の、全国商店街の共同出資会社での経験は、様々な学びを残してくれました。その後も仲間と全国各地で、まち会社の立ち上げを行う度に、七転び八起き。日々、身銭を切ってトライ・アンド・エラーを繰り返しながら得た教訓と、自分なりに築いたモットーが集約された内容になっています。

そのため、きれいごとは一切なし。どストレートな表現でまとめています。回りくどい配慮や建前は抜きにして、誰もが「言いたくても表立っては言いにくい」ことを正面から論じています。地域活性化の分野では、自分の立場を守るために建前で物事を語る人が多く、また嫌われないように配慮に配慮を重ねた発言ばかりするので、結局何をしたいのか全く分からない、ということが多くあります。

しかし、これから地域での取り組みで成果をあげるためには、そんな表面的なことにこだわっていては先へ進めません。自分の立場が脅かされようとも、間違っていれば計画を変更し、たとえ人に嫌われようとも、やらなくてはならないことはやる。優先すべきなのは、個人の保身ではなく、プロジェクト全体における成果です。

「この事業をやったら必ず成功しますよ」なんていうお手軽メニューはありません。

しかし、地域での事業開発に取り組む時にやってはいけないことは、明確にあります。

書かれている内容はシンプルですが、当たり前だとバカにせず、常に注意をはらいながら事業に取り組まないと、すぐに自滅することになります。

地域の衰退問題の構図は、日本社会の縮図です。地域活性化などに関わるつもりがない方にも、ぜひご自身の組織などに当てはめながらお読みいただければと思います。

時代の局面は変わりました。量的に拡大し続ける人口と経済と財政から、縮小に転じた社会においては、国からの仕送りを地方にバラまいているだけでは、国が潰れます。

しかし、これまでなかった「まちを経営する」という視点を持てば、地方はまだまだビジネスチャンスにあふれています。地方の様々なまちが独自に、いかに新たな仕組みをつくり、自分たちのまちを支えていくのか。世界でも類を見ない、エキサイティングな時代が日本に到来しています。

そのキーワードが「稼ぐ」です。

「稼ぐ」まちが地方を変える。今まさに動きだしている現実を知り、今後の可能性を感じていただければ幸いです。

稼ぐまちが地方を変える――誰も言わなかった10の鉄則　目次

序章　学生社長、ハゲる

挫折した初めての事業

「金返せよ！」

「オレの分かるように今やっている事業を説明しろ！」

「全部お前の責任だ！」

「この世界で二度と食えないようにしてやる！」

……とある共同出資会社の株主総会。咬み合わない議論が、いつの間にか単なる言い合いの場になっていました。これらの声の主は全国の商店主たち。その矛先《ほこさき》にいたのは商店主たちが出資した共同出資会社の社長、当時大学四年生の私です。

高校三年生のときに全国の商店街の方々の出資のもとに「株式会社商店街ネットワーク」を設立し、四年が経過。最初の二年はまだ穏やかだった株主総会も、三年目に入った頃から変わっていきました。

当初の事業計画どおりでは利益が出ないため、従来の事業を断念。新規事業に着手し、ようやく四年目にして単年度で黒字になるところまできていました。私としては意気揚々と株主総会に臨んだのですが、一部の株主は自分たちを無視した事業展開に、「最初の話と違うぞ」と不満が爆発。一方、私はようやく業績も伸び始めたため、自分が考える事業に集中したい。その行き違いが、冒頭のような言葉となったわけです。

結局とうとう私がブチ切れて、売り言葉に買い言葉で反論し、この年に社長を退任するに至りました。若気の至り。とはいえ、おじさんたちはあのような言葉を、よくも言えたものだなと思います。もちろん、経営者に若いも年寄りもないですから仕方ありませんが、この時ほど、共同出資で物事を進めることは難しいと痛感したことはありません。

それでは、なぜ、私が学生にもかかわらず商店街の共同出資会社の経営をするに至ったのか。

私はもともと、商店街のお店の息子でも、まちづくりや地域活性化に興味があったわけでもありません。東京都板橋区で生まれ育った私は、地方のことも商店街のことも知らないし、正直言って興味もありませんでした。しかし、中学時代から学外でも何か活動したいと考えていたため、大学入試がなく、校風も自由と言われていた早稲田大学高等学院に進学。同世代が受験勉強で血眼になっている最中、自分にしか出来ないことをやろうと考えたわけです。学校の中で評価をされたところで、それは所詮学校の先生に評価されたにすぎない。やはり実社会での取り組みで成果をあげたい、という気持ちが人一倍強かったのです。

私が小六の時には阪神淡路大震災、地下鉄サリン事件があり、中二の時には同い年の少年が神戸児童殺傷事件、いわゆる酒鬼薔薇《さかきばら》事件を起こすなど、ショッキングな事件が続いていました。テレビでは様々な評論が飛び交っているけれども、何一つ当たらない。もう従来の常識は通用しない、大人の考えは信用できない、学校の中で縮こまっていてはいけない、という危機感のようなものがありました。

どうにか学外で活動したいと考えていた高校一年の秋頃、当時流行っていた『五体不満足』をたまたま読み、著者である乙武洋匡《おとたけひろただ》さん（当時は早大生）が、早稲田商店会の活動を手伝っていることに強い関心を持ちました。私もぜひ加わりたい。本を読んだその日の夜には、早稲田商店会のホームページを検索。すると、「学生部設立、部員募集」と書いてあるのを発見。しかも「高校生でも可」とも記してあったので、即座にメールで応募。これが全ての始まりでした。

私が問い合わせたちょうどその頃、乙武さんが仕事で忙しくなって商店街の手伝いが難しくなっていました。「付属高校に通っているのであれば、七年間暇だな（笑）」と商店会長の安井潤一郎さんに言われ、そのまま、乙武さんの担っていた早稲田商店会の事務局業務を引き継ぐことになったのです。

ちなみにこの時、私以外の応募者はゼロ。今でこそ「商店街活性化」や「地域活性化」と言えば興味を持つ学生も増加しましたが、当時は見向きもされていませんでした。結局、もともと早稲田商店会の活動に参加していた三名の大学生に高校生の私が加わり、合計四名で学生部としての活動をスタートすることになったのです。

早稲田商店会の「楽しくて儲かる環境運動」

学生の街、早稲田にはエリアごとに商店街があります。私が手伝っていたのは、当時六つあった商店街の一つ、四〇~五〇の店舗が参加する「早稲田商店会」です。

当時から全国各地の商店街は厳しい状況でしたが、その中でも早稲田商店会は群を抜いて貧乏でした。年間予算は六〇万円ほどで、もちろん専業の事務員も雇えない。イベントも何も自分たちだけでは出来ない。だから学生や企業や行政を巻き込み、早稲田のまちを使った企画をどんどん外から持ち込んでもらえるよう努めていました。

自分でいろいろと考え、やってみたかった私にとってはそのオープンな環境が肌に合って、すぐに商店会の事務所に入り浸《びた》るようになりました。高校生だからと活動を限定されることもなく、かといって厳しくこき使われるようなこともない。会議等にも一人前の顔で参加して、自由に意見を言わせてもらえる。毎日様々な地域、会社、役所から人が訪ねてくるのが、とてつもなく楽しくて、学校が終わるとすぐに電車に乗って事務所に向かう日々となったのです。

加えて、早稲田商店会は私が参加した頃には、既に全国的な実績を持っていました。私が参加する二年前の一九九六年、東京都が条例で事業系ゴミの処理を有料化したことを契機に、夏に「エコ・サマーフェスティバル」という環境を切り口にした商店街活性化のイベントを自主開催。商店街が環境活動を行うという、当時からすると、とても画期的な取り組みで大成功を収めていたのです。

もう二〇年も昔の話なので詳細は省きますが、事業系ゴミの有料化には、ゴミの分別を徹底させる狙いがありました。事業系ゴミが有料化されたことで、従来通りゴミを分別せずに何でも一緒くたに捨てていては、商店の負担はとても大きくなってしまう。しかし、分別して資源ゴミをリサイクルに回せば、ゴミの量は減り、負担がその分軽くなる。そういうことで、エコ・サマーフェスティバルを開くことになったのです。

早稲田大学とも連携し、複数の環境機器メーカーを招いて特設ブースを設け、普通のイベントではゴミは持ち帰れと言うところを「街中のゴミを持って来てください」と呼びかけました。参加者を対象にした抽選会の一等賞はなんとハワイ旅行。「空き缶拾ってハワイへ行こう」なんて言うわけですから、早稲田のまちから空き缶はあっという間になくなりました。そんな「あり得ないイベント」が、社会からの注目を集めたわけです。

環境機器メーカーは導入実績として営業に使えますし、大学が夏休みに入って客足が極端に減る商店街にとっても、地元客を呼び込むチャンスとなりました。訪れた地元のお客様も楽しめる。単なるイベントを企画する商店会は全国に多々ありますが、条例の改正に合わせて「環境」に目を付け、社会実験、そしてビジネスにまで発展させたところはありません。「楽しくて儲かる環境活動」を実現した早稲田商店街の取り組みは、環境活動をやっていた人たちからしても、とても新鮮に映ったのです。

さらに当時評価されたのは、環境という公共の利益に資するテーマで、なおかつ地域活性化の一環でありながら、国や自治体の補助金に頼らず、あくまでも自力でお金をかけずに、企業協賛や手元資金で開催したことです。商店会長は、「もらえるものならもらいたかったけど、弱小商店街すぎてもらえなかったんだよ」などと笑っていましたが、この自立した姿勢は大したものだと今でも思います。

行政を巻き込む

お金がないだけに、エコ・サマーフェスティバルの開催には様々な苦労もあったようです。当初、イベント会場として早大キャンパスの一部をタダで借りられないかと直接オファーを出したところ、早大からは「利用代金をお支払いいただければ、使っていいですよ」という返事。そんなことはバカでも分かる、どこが開かれた大学なんだ、という話なわけです。実は一二五年を超える早稲田大学の歴史の中でも、地元商店街にキャンパスを無料開放してイベントをやらせる、なんてことは前例がなかったのです。

大学に断られた会長たちは、まずは新宿区に説明しに行きました。いつもはゴミを出しまくっている商店街の人が急に「環境」なんて言い出すので、商業振興課の人たちはびっくりするわけです。けれど話を聞いていくうちに、本気でやろうとしていると分かり、当時環境リサイクル課の課長をされていた楠見恵子さんという方が、「全面的に協力する」と言ってくれました。

今でもそうですが、地域や商店会の人が役所を訪れるのは、たいてい「補助金をくれ」と言うためです。しかし早稲田の商店会長の話は違って、「もっと環境活動に関する知恵が欲しい。こうした活動に協力してくれる企業を紹介してほしい」などとお願いしたので、先方も気持ちよく応じてくれたわけです。

この要領で、東京都、通産省（現在の経済産業省）にも話をつけ、さらにはゼロ・エミッション（ゴミを出さない社会づくり）を提唱していた国連大学の協力まで取りつけました。

こうして、予算も人もいない弱小商店街が考えた環境まちづくりの取り組みに、区、都、国、国連大学とだんだんスケールの大きな組織が加わってきたわけです。

ここまで大きな輪ができた段階で、改めて早稲田大学と交渉したところ、今度はあっさり「タダでいいです。ついでにテントも貸し出して、電気代もこちらで持ちます」と言う。この話を聞いて、高校生の私は「なるほど大人の世界とはこういうものか」と商店会長たちの交渉術に感心したものです。

結局、イベントとしても一万人を超える人が訪れ、その模様はNHKを始め全国で放送され、さらに社会実験としても環境分野の人たちから高い評価を得ました。最初は一年きりのはずだったこのイベントはその盛況ぶりから、翌年も、翌々年も同様に開催することになります。最初は早稲田大学周辺にある一つの小さな商店街だけでやっていたこの企画も、二年目からは早稲田大学周辺商店街連合会の企画になり、今でも「地球感謝祭」という名で続いています。小さく始めて大きく育てる。今でも私の基本となっている考え方です。

とはいえ、一年のうちわずか二日間だけイベントを開く程度で、本当の商店街活性化なのか、本当の環境活動と言えるのか、と、関係者から厳しい指摘がありました。そこで、もっと恒常的に「環境」に取り組む姿勢を打ち出すことになりました。

そして一九九八年からは、加盟店舗から利用料をとって、空き店舗に「エコステーション」という常設のリサイクル拠点をつくりました。空き缶やペットボトルの回収機にゲーム機能をつけて、「当たり」が出ると、ちょっとしたサービスを受けられる仕組み。「当たり」の商品は商店街の各店がそれぞれ独自に提供したもので、中華料理屋であれば「餃子一皿タダ」というものから、歯医者が「初診料無料」というようなユニークなものまでありました。普通、歯科医院の治療は初診で全て終わることなどありません。二度目三度目の治療ではちゃんと診療代を払ってもらえると見込んで、新規顧客獲得のために環境活動をうまいこと利用したわけです。

この取り組みで、早稲田はますます注目を集めました。補助金に頼らず、空き店舗を活用しつつ、商店街の各店舗の連携を促し、環境機器メーカーの機材を活用して、世間の環境への意識を高め、結果として商店街の販売促進にもなる。販売促進につながるからこそ、各店舗はこの仕組に毎月三〇〇〇円の利用料を支払うわけです。ちゃんと経済原理を踏まえながら、社会的課題解決にもつなげていくというのが革新的だったのです。

私が商店会の手伝いに加わったのは、ちょうどこのような恒常的な取り組みを始める直前でした。今から考えれば、絶好のタイミングだったと思います。あの時に、乙武さんの本を読んですぐに問い合わせていなければ、今の私は絶対にありません。何事も「思い立ったら吉日、すぐに行動」がベストです。

ネットを駆使して商店会の裏方を担う

早稲田商店会の活動に参加したことで、私にとって一番の財産となっているのは、人的なネットワークです。普通に毎日高校に通うだけなら、同学年の友人と先生ぐらいにしか会えません。しかし、当時注目されていた商店街の手伝いに加わったことで、区や都の役人や議員、通産省など国の官僚や国会議員、さらには大企業から中小企業まで様々な分野の企業経営者、大学の先生などなど本当に幅広い分野の方と出会い、議論をする機会に恵まれました。そこで学んだことは、一〇代の私には楽しくて仕方がない程、刺激的。そして三〇代になった今思い返すと、その価値が改めて分かるものも多くあります。

早稲田商店会の取り組みは当時、環境だけではなく、多分野に及んでいました。例えば東大地震研のチームと早稲田の小学校がコラボした一泊二日の「防災キャンプ」。その時にもNTTドコモの協賛を得て、安否確認システムの実験を実施するなど、先端的でした。お金がないなら知恵を出せ、知恵を出して行動すれば必ず結果が後からついてくる、というのが早稲田商店会のいつもの号令でした。その他、教育分野では教科書への再生紙活用を進める運動をしたりと、様々な政策的成果にもつなげていました。

これら取り組みの積み重ねにより、当時の早稲田商店会は、「補助金に依存せず、革新的な地域事業に取り組んでいる珍しい商店会」というイメージが定着していました。「他のまちでは出来ないことも、早稲田に持ち込めば出来るかも」と多くの学者や事業者に思ってもらえ、各界から様々なコラボ企画が持ち込まれました。おかげで修学旅行生もよく来るようになり、さらに全国の商店街からの視察・見学も多数来るようになりました。一九九八年から二〇〇〇年までの二年間だけで、その数はざっと六〇〇団体超。毎日のようにメディアに出るため、業界内では〝商店街の露出狂〟だなんて面白おかしく言われていました。

その頃、私が主に担っていたのはパソコンやネットを使った裏方業務全般。プロジェクトごとの参加者や、地方の視察者から選抜した人だけが入れる会員制メーリングリストの管理、様々な資料やチラシの作成などをやっていました。プロジェクトに関わっている人たちは全員、それぞれ本業の仕事があるなか兼務で関わっていましたので、なかなか集まれない。そこで連絡や情報共有をオンライン上のメーリングリストやホームページで行っていたのです。今でこそ珍しくありませんが、九〇年代にバリバリとネットを使って地域の活動をしていた団体は珍しく、最先端のIT活用事例でした。

ちなみに、二〇〇〇年の「流行語大賞」の一つに「IT革命」が選ばれましたが、その受賞者はなぜか私だったりします。私が言い始めたわけでも、会社を上場させたわけでもないのになぜ賞をもらえたのか、その理由を聞いたところ、当時の審査委員長である故・草柳大蔵さんが、「若者が奮闘して社会を変えるためにITを使うことこそ、革命の名前に相応しい」ということでした。最初、受賞の連絡があったときに戸惑っていたところ、商店会の人たちから「もらえるものはもらっておけ」と言われ、商店街を代表して受賞することにしたのを覚えています。

思い付きで始めた商店会での活動が大きく進展し、さらに予期しないところが評価される。本当に人生というものは分かりません。地域での取り組みが環境、ITなど当時の先端的な分野に影響を与えることが出来たというのは、私にとって大きな自信になりました。

補助金という〝麻薬〟がまちを壊していく

ところが、順調と思われた商店会の活動に、にわかに暗雲が垂れ込めます。

きっかけは、「中心市街地活性化法」の制定に向けた社会実験モデル地区として、早稲田商店会が選ばれたことでした。これは文字どおり各都市の中心である市街地の活性化を促すため、政府が認定する地域に補助金などの支援を行うというもの。これが大失敗と転落の始まりでした。

先にも述べたとおり、早稲田商店会の取り組みはこれまでは低予算ながら知恵を出し合い、自力と企業の協力だけで運営してきました。「民間主導・行政参加」を掛け声とし、その独立性にこそ高い評価があり、だからこそ人も集まっていたのです。そこにいきなり、国から数千万円の補助金が付くことになった。厳密に言えば、早稲田商店会は任意団体なので、国費を直接入れることは出来ない。そこで東京商工会議所が間に入り、さらに早稲田だけでは規模が小さすぎるとして神楽坂商店街とワンセットになってモデル事業を担うことになったのです。

これによって、メンバーの考え方が一気に変わりました。まず、従来にはなかった「予算をもとに何ができるか」という議論がなされるようになり、それを執行するための業務を誰が担うのかという話になっていきました。元来早稲田流であったやり方、つまり「やりたいことをやりたいやつが提案し、言いだしっぺが実行する」という方式が急変してしまったわけです。

さらに、一部では、醜い争いが続発。自分の商売に有利になるよう、予算の活用方法を提案する人が出てきたのです。しまいには、そのお金を目当てにして、外部からいかにも怪しげな人物まで何人も加わるようになっていく。負の連鎖です。

こういう動きが出てきたことで、それまで善意で手伝ってくれていた人々の士気が一気に下がりました。「予算消化のような取り組みには協力したくない」「一部の人の商売のために活動していたわけではない」というわけです。特に、それまで地域における新しい取り組みを主導してくれていたキーパーソン（善意のボランティアや大学の先生など）が、一人、二人と離れていきました。うまく差配すべき商工会議所も、杓子《しゃくし》定規な手続き論ばかりで、全く機能しません。こうしてシステムも互いの信頼関係も、ガラガラと崩れていったのでした。

結局、お金がなかった時のほうが、知恵が出て楽しかった。「金がないから知恵が出る。金が出たら知恵が引っ込む」といっていた私たち張本人が、自らドツボにはまったわけです。国のモデル事業とは何を期待したものなのか、全く分からないまま、分厚い報告書だけが残されました。

言い方は悪いですが、補助金とは麻薬のようなもの。それまで真面目に生きてきても、一発チュッと打たれただけで一斉におかしくなってしまうものなのです。うまいコト使うなんて不可能。あれだけ自立していた活動が一気に崩壊してしまうのを目の当たりにしたからこそ、心から言えます。誰にも悪意がなくても、お金による支援というのは、相手を一気に蝕《むしば》むのです。そしてそれまで「成功事例」ともてはやし、予算を入れていた役所自体も、利用価値がなくなれば一気に手を引き、「最近は早稲田の名前を聞きませんね」なんて他人事のように言う。世の中は冷酷です。

こういう事例は今日でも全国に無数にあります。まちづくりは、最終的に利益を生まなければ意味がない。しかしそれは、まち全体での利益です。国や自治体から一過性のお金を持ってきて、地域内の一部の個人ががめつく儲けることとは全く別の話です。

天から降ってきたお金は、地域の問題を解決するどころか、かえって災いの元となる。お互いのエゴが出て、協力して行うべき取り組みも浅はかになる。回り道に見えるかもしれませんが、自分たちで儲かる仕組みを考えることのほうが、よほど地域にプラスなのです。

にもかかわらず、いまだに「まちづくり」「地域活性化」と言えば「補助金を持ってくること」と思い込んでいる人が少なくありません。それは愚策中の愚策であるということを、ぜひ念頭に置いていただきたいのです。みなさんの地元では、私たちのような過ちを繰り返さないでください。

「株式会社商店街ネットワーク」を設立

このような早稲田商店会の激変の時期の直前、私はその取り組みから離れ、全く別のプロジェクトを推進していました。まさか、これも後に大変なことになろうとは、誰も思いもしませんでした。

それは、一九九九年に開催された「リサイクル商店街サミット」という会合の場で、早稲田商店会のまちづくり活動で得た全国の商店街とのつながりを活かし、何かインターネットを活用した事業をやろうという話が盛り上がったことに端を発します。同年にもう一度会合を行い、全国の商店街で共同出資会社を設立し、事業を立ち上げることが決まりました。それが高校二年生の秋のことでした。

当時は楽天市場のようなネット上のeコマースがすでに台頭。しかし、商店街の人たちの目論見は、リアルな店舗同士がネット上でつながり、楽天などを上回る力を発揮することにありました。商店街が地域を越えてインターネットを活用して連携して、全国の商品を売れるようになれば、新たな商店街のビジネスになるのではないか、つまり「有店舗による無店舗販売」をやろうというわけです。しかし、大半の人がインターネットに詳しくないということで、その中では一番ITが得意だった私に白羽の矢が立ったのです。私は裏方として手伝うだけのつもりだったのですが、新しいことは新しい奴が先導するべき、ということで取締役社長を担うことになりました。

株主は五〇人ほどで、出資金は一株五万、計一二四五万円の出資金が集まりました。

ところが、この事業は最初からつまずきます。今にして思えば、「すべてが甘かった」の一語に尽きます。そもそも具体的にどんな事業をするのか、会社としてどのように稼いでいくのか、私だけではなく参加した商店街の人たち全員がそれほど深くは考えていなかったのです。何となくネットを使って商店街で物販を行えば儲かるんじゃないか、その程度の考えだったわけです。今思えば、経営という面でも、投資という面でも、これはあり得ない程お粗末でした。

当然ですが、設立当初は、全員が「いいね」「面白そうだね」とポジティブなことしか言いません。しかし、会社に出資するということは、何らかのリターンを期待しているわけです。口では「地域活性化」「商店街活性化」と言いながら、自分が損してもいいとは誰も思っていません。

結局、全員が「集まれば何か出来るよね」というぼんやりした期待を持ちつつ、試行錯誤するだけで二年があっという間に過ぎていきました。せいぜい各自がほぼ思いつきのアイデアを出すだけ。会社の事業としての道筋は全く見えてきませんでした。

あまりにも先に進まないため、私は、夏休み・春休みなどを利用して、〝丁稚奉公《でっちぼうこう》の旅〟に出ました。全国各地の商店街に行って住み込みで手伝いをし、地方の状況を見ながら、自分なりの事業を考えるためです。各地に行けば、それぞれ長く商売を続けているだけあって、「こうすればもっと儲かる」という話も出てきましたが、うまくいった事例は一件もありませんでした。

商店街の人たちが「儲かるだろう」と考えたことの一つが、当初から計画されていた商店街の店舗によるインターネットを介した商品販売です。例えば北海道の特産品を九州の店で売ろうというわけです。しかし、いざ仕組みをつくってやってみたところ、全く売れない。売れたとしても、支払いが遅延したり、場合によっては踏み倒されることさえある。商店街を相手に商売をやるというのは、これ程までに厳しいものかと思い知らされました。

今にして思えば、その理由は明らかです。経営がうまくいっていない店は、そもそも営業力が足りない。資金繰りも大変。商品を売ることも出来ないし、支払いだって滞っている。いくら他地域の魅力的な商品を取り扱えることになっても、売るお客様もいなければ、商品を仕入れる資金でさえ厳しいわけです。さらに、そのシステムを動かす商店街ネットワークに手数料を支払う余裕なんかない。「インターネットで販売すれば商店街が活性化する」なんて絵空事でしかなかったのです。

当然ですが、こんな状況でインターネット販売を試行錯誤したところで、会社として利益を出せるはずもない。こうして、私が全国各地を回るだけで、肝心の商品はインターネット販売では全く動かない日々が続きました。そして社長就任後、あっという間に二年が経過してしまったのです。

脱力と脱毛の日々

共同出資会社の定期株主総会は年に一回。その四年目の株主総会は、冒頭に紹介したとおり怒声の嵐となりました。事業がうまくいかないから利益もほとんどあがらない。当然、資本金はどんどん目減りする。ようやく黒字化が図られようとしていたものの、それはインターネットによる商品販売ではなく、商店街で広告事業などを展開する財源創出事業によるもの。株主たちは、思いどおりにならない事業の状況、言うことを聞かない社長、目減りしていく出資金、それら全てが頭に来ていたわけです。

全ての責任は私にあります。あまりにも未熟で無能。うまくいかない悔しさやもどかしさもあったし、人様からお金を預かっているという重圧もありました。それを言い訳にして思い切った判断を結局先延ばしにしていました。株主総会が近付くと、「今の事業計画では全く売上が立たない」「でも何ら解決策を提示できない」という恐怖で精神的に追い詰められ、円形脱毛症にもなりました。

世間は、私の「学生社長」という立場に着目し、「がんばってるね」と褒《ほ》めてくれました。

しかし内実はこの状態です。取引先、出資元には、きれいごとは一切通じません。毎日、何をしたら商店街が活性化し、会社としても利益を生めるのか、もがくだけの日々でした。

痛い教訓

ただ悩んで、悩んで悩み通す。この経験を通じ、自分なりの理解を二つ得ることができました。

一つは、全員の意見を聞くのではなく、自分で考えろ、ということです。二年間、株主の人たちを全国各地に訪ねて意見を聞き、それをもとに株主のみんなが納得する事業を考えましたが、どれ一つとしてうまくいかなかった。

それは、みんなの意見を聞く前に自分の頭で考え、行動することが決定的に足りていなかったからです。もちろん、独断で横暴に進めれば成功するということではありません。しかし自分で考え、決めたことなら本気になり、たとえうまくいかない場合でも、軌道修正も撤退も自分で決断できます。

反対に全員の意見を聞き、全員が納得することを優先していると、自分で決断することが難しくなる。悪い方向に向かっていることに薄々気付きつつも、「誰かがなんとかするだろう」と全員が無責任になります。そうなると結局、事態は何ら改善せず、ズブズブと悪い方向へ沈んでいくだけです。結局、私はうまくいかない時の責任を周りの人に押し付け、問題を放置していたのです。完全なる甘えです。

そして二つ目は、一つ目にも関連しますが、甘い夢を掲げて仲間集めをしてはいけないということです。先にも述べたとおり、共同出資会社の参加者は、早稲田商店会の活動などの実績をもとに、誰もが夢を見ていました。具体的な道筋は何もないのに、「ついて行けば何かいいことがあるかも」という幻想だけでスタートしたわけです。

しかし、あらゆる事業がそうであるように、楽して儲かる「夢のような話」は存在しません。小さな地域での事業には、単に出資するだけの人ではなく、出資をし、さらに共に汗をかける仲間が必要です。お金だけを出して、甘い汁だけを吸おうなんてことは無理です。最初に厳しい現実を前提にして、仲間集めをしなくてはならなかったのです。

もっとも、私もこれに気付くのが遅く、正直なところ気付いていても強く言えない心の弱さがありました。このままではいけないと、三年目にようやく自分で考えるようになった私は、商店街での広告事業や調査研究事業受託などを仕掛け、ようやく売上の目処も立ち、業績を改善することが出来るようになりました。私としては確かな手応えがありました。

しかし、そのような私の方針転換は、一部の株主には納得してもらえませんでした。商店街の財源創出のための広告とか、マネジメントに関する調査研究とか、そんな訳の分からない事業で稼いだところで何になる、もっと地元商店街のために補助金を使ったイベント事業をどんどんやってくれ、という話になる。そして、四年目に冒頭の株主総会前後の大騒動に発展するのです。最初に掲げた内容が曖昧《あいまい》かつ夢のような話だっただけに、現実的な方向への転換は、株主からすれば裏切られたように感じたのだと思います。

正直、この時私は心底疲れ果てました。言われたとおりやっても業績は伸びない。自分なりにやって手応えが出てきたのに、それは全否定される。最初は悲しく思っていましたが、途中からあまりに頭にきて、こう叫ぶことになります。

「申し訳ありませんが、そんなに勝手なことを言うのなら、自分たちでどうぞ。やりたいようにやってください」

退任直後には、商店街での事業なんて二度とやるものかと、心から思いました。あれだけ楽しかった早稲田商店会での活動、その後の事業への発展が、こんな結末を迎えるとは、私は想像だにしませんでした。

こうして、私は「商店街」や「まちづくり」といった分野で実践することを一度、全てやめました。そんな私に、知人が経営学を学んではどうかと言って、一橋大学大学院の受験を勧めてくれたのです。そして、二〇〇五年の春からの進学が決まりました。

社会の常識はまちづくりの非常識

私が学生社長時代の四年間で経験したことは、そのまま今日の日本の「まちづくり」が抱える問題点とも共通しています。当時からかれこれ一〇年以上も経過していますが、問題の構造は全く変わっていません。そこに、日本の「まちづくり」が大きく進化していない現実があります。

甘い見通し、無責任体質、他力本願、独善的な発想などは、まちづくりだけでなく、日本の多くの組織で見られる現象であるとも思います。何より、これらの問題に加えて「まちづくり」の場合には、行政、そして補助金や委託事業などといったような税金の影がチラつきます。

商店街ネットワークにしても、その例外ではありませんでした。もちろん名実ともに完全民間会社でしたが、出資者にはそう思っていない方もいました。

全国で注目されている早稲田商店会が中心となって、全国の商店街が加盟するネットワークをつくり、インターネットを用いて商売をするらしい。さらに、木下という若者が高校生社長と話題にもなっているし、またうまいこと予算がつくのではないか。運がよければ会社が大きくなって株が高く売れるかもしれない。ならば加わっておこうと、他力本願な人が多くいたのです。

問題は、今でも「商店街活性化」や「まちづくり」が「楽して地域が活性化するようなことはないか」「行政が資金的に支援してくれることはないか」という他力本願かつ人のお金をアテにした考えで語られることです。自ら稼いで事業に取り組むのではなく、行政に予算をつけてもらおうという発想。しかし、一過性の予算をいくらもらったところで、そんなものは地域の将来には全くつながりません。

毎年補助金をもらってイベントを開催しても、空き店舗対策をやっても、どれも補助金が切れたら終わりです。人のお金とアイデアをもとに、全く継続しないことに労力をかけていたら、地域がますます衰退するのは当たり前と言えます。これは商店街だけでなく、まちづくりと呼ばれる地域に関わるあらゆる分野に言えることです。地域は衰退するべくして、衰退しているのです。

このような経験を経て、今、私が考え実践する「まちづくり」は、従来からの発想からすると、かなり〝非常識〟であると言われます。いかに補助金に頼らず、自らの事業で利益を生み出すか。みんなの話を聞くよりも自分で考える。誰かにやってもらうのではなく、自分で会社をつくって事業を立ち上げる。そして、儲けた利益を次なる事業に再投資する。まちづくりでは非常識だと言われるこれらは、一般社会では常識です。

そんなことが出来るのか、と思われるかもしれませんが、まちの大小関係なく、手元資金の多い少ないに関係なく、やろうと思えば絶対に出来ます。出来ないと思うのは、最初からそう決め付けているからです。今一度、思考をリセットし、本書を読んでいただければと思います。

多くの地域で自立した取り組みが広がることが、若き日の円形脱毛症に報いる唯一の道でもあります。

それでは、以下からの章で、その具体的な方法と実例を説明していきたいと思います。

第一章　まちから「利益」を生み出そう！

アメリカで学んだ「自立型」まちづくり

資産価値を自分で高める

どうすれば商店街を活性化し、さらに仕掛けた自分の会社も利益をあげることが出来るのか――「商店街ネットワーク」の社長だったとき、私の最大の関心事はこれでした。国内をいろいろ調べてみても、解決策になりそうな事例がない。では海外のまちはどうか。できれば現地へ飛んで調べたいところですが、いかんせんお金がありません。もちろん会社の資本金はありますが、これを使えば出資者からまた「余計な金を使うな」と非難されることは明らかなので、ひとまずは当座の渡航資金を用意しなくてはならない。

そこで目を付けたのが懸賞論文でした。大学三年の時、「日本型まちづくりの終焉」という論文を、当時まだご存命だった藤田田《でん》さん（日本マクドナルド創業者）が設立された「藤田未来研究所」の懸賞論文に応募。これは一九九八年のいわゆる「まちづくり三法[*1]」施行以降も、行政主導型のまちづくり業界がめぼしい成果をあげられていないことを懸念し、仲間（当時商店街ネットワークの事業部長も務めてくれていた、現在はNPO法人フローレンス代表の駒崎弘樹くんも共同執筆者の一人です）とアメリカのまちづくりについて調べ、それをもとに日本型の補助金依存のまちづくり問題と、アメリカ型の不動産オーナーの受益者負担のまちづくりについてまとめたものです。幸いにして、これが二〇〇三年の「学生奨励賞」を獲得、私は仲間と共にその賞金でアメリカへ旅立ちました。

その時、アメリカの地域再生に取り組む人たちから学んだ最大のことは、まちづくりは官主導ではなく民間主導、特に不動産オーナーを基本に据えて考えるということです。現地で不動産オーナーと話をすると、誰もが積極的に地域に投資をしている。それはなぜかと言えば、「自分の資産価値を高めるため」だと即答。「まちづくりは自分たちのアセット・マネジメント（資産運用）だ。だからこそ行政ではなく、まずは不動産オーナーである自分たちが連携して投資をするんだ」とのこと。言われてみれば当たり前の話ですが、私はそれを聞いて、かなりの衝撃を受けました。「誰が得をするのか」とか、「得するために地域に投資をするんだ」という視点で、まちづくりを考えたことがなかったからです。

各不動産オーナーは、より優良なテナント、つまり稼げるショップ運営者に入ってもらいたい。そのためには、建物やその地域を少しでも魅力的に見せ、地域外からでも招かなくてはならない。だから投資をする。

自分だけで出来ることもありますが、地域単位でやらなくてはならないこともある、だからこそ不動産オーナーたちは、連携して組織を立ち上げ、共同でエリアに投資をするわけです。相互依存ではなく、相乗効果を狙った極めて合理的な構造です。

話を聞かせてくれた調査先の一つ、ニューヨークのど真ん中にあるタイムズスクエアのまちづくり会社の名前は「タイムズスクエア・アライアンス」。文字どおり、不動産オーナーや住民のアライアンス（連携体）なのです。

魅力的なショップがいくつも揃えば各ビルの、そしてそのエリアの魅力も高まり、地元の価値がぐっと上がり、出店したいという人がもっと集まってくる。結果的に地価が上がり、賃貸料が上がり、オーナーは儲かる。そういう好循環が生まれれば、不動産オーナーは投資を回収出来るわけです。

一方で、いかにもアメリカらしいシビアさもあります。不動産オーナーを中心とした連携組織では、マネージャーを雇用するのですが、定められた期間でしっかり成果を出せなければクビになります。ですからマネージャーも必死で成果をあげる。成果をあげれば、他の地域からより高い報酬でヘッドハントされることまであるのです。適切な緊張感と報酬モデルがあるからこそ、成果を出すことにみんながチームとしてこだわる。こうして伸びるまちは伸びるのです。

翻って、行政主導型のまちづくりがいまだ続く日本の場合、行政に公共投資をしてもらおうと考えてしまう。しかし、そもそも公共投資は直接的な儲けを目指していないため、成果の検証は曖昧になる。儲かりそうもない公共事業を傍目に民間は一銭もまちに投資しない。結局、新しい店も立ち上がらず、人も集まらないという不毛な事例が無数にあります。それは結局、「自分たちの稼ぎは自分たちであげる」という発想がないからです。逆に言えば、従来のやり方にこだわりさえしなければ、日本のまちにはまだまだ稼ぐ余地があるということです。

まちづくりには、不動産オーナーが主体になって、自分たちの資産価値を守るために投資し、回収するという方法がある。このことに気付いてから、私の「まちづくり」に対する考え方はガラリと変わりました。

小学校の校庭も保護者が手作り

さらにアメリカで驚いたのは、地域の公園や学校の校庭でさえ、住民たちがつくっていたことです。

不動産オーナーが自分たちの資産の価値を自ら高めているように、住民たちはまちの公共施設を自分たちの資産と捉え、その価値を高めるために取り組んでいました。それも特殊な例ではありません。全米各地で行われていました。

サポートしていたのは、「ＫＡＢＯＯＭ！」というＮＰＯ。当時、全米で五〇〇例もの実績がありました（今では一六、〇〇〇件にも上ります）。私たちも、土日の開発作業に参加させてもらいました。場所は新設される小学校の校庭で、主に参加しているのはそこに子どもを通わせる地元の親や地域の人たちでした。そこに交じって校庭建設のお手伝いをしたのです。

なぜ自分たちでつくるのか。もちろん自分たちの子どもが通う学校の校庭は自分たちの手でつくろうという思いもあります。しかし、その一方で実利的な事情もあります。

当地では、小学校を新設する際には、その学校区が「エデュケーショナル・ディストリクト（教育特別区）」に指定されて、そこの住民が開発費用を負担する仕組みになっているのです。つまり、建設費が高くなるほど、住民みんなの負担が重たくなる。そのため、絞れるものは出来るだけ絞りたい。とはいえ校舎を手作りするわけにいかないので、せめて校庭ぐらいは自分たちでなんとかしようとなったわけです。

準備は一年近くかけていましたが、作業自体は、私たちが参加した土日で一気に終わりました。完成した日曜日の夕方、印象的なシーンがありました。校庭に一台のクルマが入ってきて、そこから出てきたのは地元の市長。タイミングを見計らって挨拶《あいさつ》に訪れたのです。

その内容が、なかなか感動的でした。演出か偶然か、夕日を背にして颯爽《さっそう》と立ち、いかにもアメリカの政治家らしく朗々と語るのです。

「みなさんが地域の子どもたちのために汗を流してくださったことで素晴らしい校庭ができました。みなさんのおかげでこの地域の教育は素晴らしいものになるでしょう！」

その後、子どもたちによる御礼の大合唱が続き、最後にみんなが拍手をするという一連の流れにも、感動だけではなく、衝撃を受けました。

日本のまちで私は、こんな行政と市民との関係に出くわしたことがありませんでした。まちづくりは税金でやってもらうのが当たり前、と考えている市民がいまだ圧倒的。財政のことなど全く考えもせず、好き勝手に「あれをやれ」「これが欲しい」と意見だけは行政に言う。それが叶わないとなると、今度は「お役所仕事」「市長はアホだ」と批判する。あるいは批判を避けたい役所の側も、公共事業を業者に丸投げしてその場をしのぐ。

これが本当に正しい〝まちをよくしていく〟プロセスなのでしょうか。日本はある意味で恵まれすぎてしまって、何でも行政がやってくれた時代が続いたことで、自分たちで出来ることさえも税金でやってもらおうとしているようにも思えます。

しかし近年では日本でも変化があります。例えば、私の仲間に、「ワークヴィジョンズ」という建築事務所をやっている西村浩さんという人がいます。西村さんはもともと土木の専門家なのですが、従来の行政トップダウン式のまちづくりに疑問を抱き、自ら新しい試みをしています。

例えば、佐賀で商店街にある空き地に地元の子どもたちを集めて芝生を植えたり、コンテナを置いて広場として使ったりする「わいわいコンテナ」という取り組みをしています。さらに、大分駅前の大きな広場整備に際して市民を集めて、それぞれが芝生を一気に植えるというワークショップも行っていました。

こうした環境整備の作業全てを業者に委託することもできますが、莫大なコストがかかります。しかし大人数の市民が参加すれば、あっという間に天然芝のスペースが誕生するのです。コストも浮いて、市民にとっては自分たちがつくった広場という意識も生まれる。

アメリカだから、日本だから、ということではなく、地域をよくしていこうと思えば、国の違いなど関係ありません。誰もが人任せにせず、自分たちでやれることはやる。自分たちに必要なものは自分たちでつくるという意識があるかないか、それだけです。

大学院で理論と実践がつながった

前述のとおり、私は商店街ネットワークの社長を辞めた後、大学院に進学しました。学部生時代は政治学を専攻していましたが、大学院では経営学を専攻しました。というのも、アメリカで出会った人たちがいつも「マネジメント」を強調していたからです。それに、私自身も日本での事業経験から、まちづくりに必要なのは、「政治」ではなく、「経営」であると痛感していました。

結果的に、これがとてもよかった。いったん実業から離れ、週何本も経営に関するレポートを提出するというタフな課題に追われたのは、いいリハビリになりました。今思うと、あんなにまともに勉強したのは高校受験以来だった気がします。

大学院での勉強を通じて、商店街ネットワーク時代に感じていた漠然としていた様々な問題に、経営学の定型的なフレームワークがピタリとハマりました。経営戦略や組織論、マーケティング、ファイナンス等々、いずれも社長時代に苦悶したことばかりで、それを理論的・体系的に整理していくことが楽しくて仕方がありませんでした。

経営視点のまちづくりに開眼

一方、大学院に入学した当初は、「まちづくり」の実務にはいっさい携わらないと決めていました。この二年間を、一種の〝デトックス期間〟にするつもりだったからです。

とはいえ、関心がなくなったわけではありませんでした。そうこうするうち、東京財団等が都市マネジメントに関する政策研究活動を支援してくださることになり、アメリカやヨーロッパを中心に世界各地を継続的に訪問し、詳細に調査・研究する機会に恵まれました。まちの衰退問題は、先進国共通です。むしろ日本より都市衰退を経験してきた海外のほうが進行しているほどです。その現状を見聞きすることは、日本のまちを考えるうえでも大変役立ちました。

大学院での理論的な勉強と、実際の社会問題を対象とする政策シンクタンクでの調査研究活動。これが、自分にとっては二つの大きな気付きを与えてくれました。一つは、研究や実践の対象を「商店街活性化」から「まち自体の再生事業」へ切り替えられたこと、もう一つは、「経営をいかにまちづくりに持ち込むか」という具体的な方法が考えられるようになったことです。

そもそもまちの再生に必要なのは「経済」です。行政が税金の再分配で補塡《ほてん》するのではなく、「まち全体を見据えて、いかに稼ぐか」が重要なテーマなのです。よく「あたたかいまち」「心が通い合うまち」といったフレーズを聞くことがありますが、これらは全て無責任な〝きれいごと〟です。稼げなければ、衰退するしかない。これは歴史が証明しています。

では、縮小する社会環境においてどう稼ぐか。全ての産業を横断して地域の限られた資源を活用し、稼ぎを生み出し、利益を残し、その利益をさらなる事業に再投資し続けるしかありません。

そのためには商業、農業、水産業などの区分は必要ありません。まちを一つとして考えれば、行政と民間だって一蓮托生です。官民を区分すること自体も無意味です。あらゆる産業、官民の隔たりを越えて、縮小する社会に適応していく必要があるのです。限りある資源を有効に活用して成果を最大化することこそ、経営の得意とする分野です。

このように考えると、一度は「もう二度とやらない」と思っていた、地域での実業の世界にもう一度挑戦したくなっていきました。

ふたたび〝実践〟の世界へ

まずは「コスト削減」から

ほどなくして、熊本で実際にまちづくりのプロジェクトが発足することになりました。二〇〇六年頃のことです。

私は大学時代から、自分で行った調査研究について日常的にブログにアップしたり、レポートにまとめて知人に送ったりしていました。海外のまちづくりの様子をはじめ、戦後の都市の変遷、民間部門が成果をあげている取り組み、効果的な政策モデル等が主なテーマです。

その読者のなかに、熊本市の城見町通り商店街の南良輔さんがいました。南さんは、私がレポートで提案した、不動産のオーナーが中心となり、自分たちの不動産価値向上のために取り組む事業モデルを、ぜひ地元で試してみたいと連絡をくれたのです。これをきっかけとして、私は改めて事業として、まちと関わる世界に戻ることになります。

まずは勉強会形式で、国内と海外での取り組みの違い、日本型まちづくりの問題点、それを改善するために出来ることなど、全体的な話を一年以上かけて解説していきました。しかし従来とは全く違うやり方に、地元の不動産オーナーの多くはなかなか理解を示してくれませんでした。無理もありません、日本ではそんなことをやっている前例自体が乏しく、ましてやエリア全体での価値をあげるために民間が投資をする、という発想もなかったからです。

そこで、投資する資金を新たに不動産オーナーたちから集めるのは難しいと判断。まずはコスト削減を中心として成果をあげ、そのコスト削減部分の一部をエリアへの投資資金にするという方針に転換しました。各ビルの経営を共同で改善するファシリティ・マネジメント事業には関心を持ってくれるオーナーさんが比較的多くいたためです。

考えてみると、これは長い目で見ればアメリカの先行投資よりも、よいやり方だったかもしれません。現状のコストが軽減され、さらに投資資金が捻出されれば、極めてよい経営構造をもたらすからです。

ただ、それでもみんなが一様に理解してくれるわけではなかったため、まずは南さんが自ら営業可能な城見町エリアに絞り込んで事業を立ち上げ、しかるのちに周辺へと展開していくことにしました。

この事業を進めるために、私と南さん、そして一〇年来の地域活動仲間だった徳島大学の矢部拓也さん、地元下通商店街の兄貴的存在である長江浩史さんの四人が共同出資して「熊本城東マネジメント株式会社」を立ち上げました。

テナントと不動産は分けて考える

南さんは酒の卸業を営んでいますが、ビルのオーナーでもあります。見落とされがちですが、これが大きなポイントです。

従来の発想では、「酒屋の売上がもっとあがるようにしよう」「それには商店街を盛り上げよう」となります。しかしながら、長らく商店街活性化に取り組んでいた南さんは、その限界にも気付いていました。いくらイベントを繰り返したところで、店の売上があがるわけではありません。だからこそ、商店としてではなく、不動産オーナーとして中心部活性化に取り組むという私のプランに反応を示してくれたのです。必要なのは、都市中心部を「テナント」と「不動産」とに切り分けてみることでした。

どんな問題も、切り分けていくと解決策が見えてきます。切り分ければ、「店の営業問題」と、「不動産の稼働問題」は分離して考えることができます。前者に関しては、南さんは在庫を積み上げていた店内を改装して立ち飲み屋をスタートさせていました。スペースを有効活用し、卸以外の商売を始めたのです。

一方、後者の不動産として見た場合には、別の対応策が見えてきました。不動産の売上はテナントから得られる家賃です。多くのテナントに「借りたい」と思ってもらうためには、建物とエリアの価値双方をあげなくてはなりません。一方で、建物には維持費がかかります。この維持費をコントロールしなくては、いくらテナントからの家賃があっても、利益は少なくなってしまいます。

南さんたちの場合、このコスト面での努力が十分ではありませんでした。であれば、不動産の運用におけるコスト改善をまち全体で行えば経営が改善出来るという話になったのです。

相手に三回得させろ

そもそも不動産は持っているだけで相当の維持管理費がかかります。とかく不動産持ちは不労所得で楽だと思われがちです。しかし、実際はそう楽ではありません。清掃もしなければならない。エレベーターがあればそのメンテナンスも欠かせません。大抵のオーナーは、ビルを建てるときに借金をしているため、その返済もしなくてはなりません。

守るものが多く、投資回収期間も長い事業をしているため、不動産オーナーは保守的になりがちです。当然、彼らも経営者ですから、必要以上のお金はビタ一文払いたくない、というのが本音です。

「そこをなんとかまちのために」と持ちかけても、説得力がありません。どれほど高い理想を語ろうと、小難しい理屈を並べようと、ムダです。それよりも重要なのは、お金を出すことが「損」ではなく「得」になるようなシステムをつくること。説得力を持つのは、やはりしっかりとした事業性です。

これはかつて、早稲田商店会の会長から教えられていたことでもあります。仕事のうえで相手に信用されたいなら、「最終的には儲かりますよ」と口説いてもダメ。「自分の利益を確保したうえであなたにお金を払いますよ」と言ってもダメ。まずは、事業をつくり、相手に三回得をさせれば、信用してくれる。自分より先に、相手に恩恵を受けてもらう。

そうすると、まともな相手なら「私ばかりもらっては申し訳ない。あなたも利益を得るべきだ」と言い出します。ここから信頼関係が生まれ、長く一緒に商売をやっていけるようになる、というわけです。信頼関係は、まず相手にメリットを実感してもらってから。まちづくりにおいても同様のことが言えます。

まずは事業を立ち上げ、相手に得をしてもらい、ちゃんと信頼関係を構築していくことが求められる。熊本でも、その前提に立って事業を考えることにしました。

いざ熊本、ゴミ問題に着目

相手に得してもらいながら、着実に事業成果をあげるために、まずは手薄だった不動産にかかる維持管理経費を減らす方法を提供することにしました。コスト削減で、浮いたお金の一部を不動産オーナーに渡していく仕組みにし、残りの一部を地域活性化の基金として積み立てていく方式を採用したのです。コスト削減であれば、着実に毎月の利益が確保出来、不動産オーナーにも支払いを約束できます。さらには、その一部を基金として積み立てることで、活性化に必要な負担金をも捻出出来る。要は、不動産オーナーに新たな負担をさせず、まちづくりのための資金を拠出させる仕組みを考えました。

いきなり「地域のために三〇万円を出せ」と言われたら、誰でも抵抗があるでしょう。しかし、現状のコストから一〇〇万円減らすことができたとしたら、そのうち三〇万円ぐらいをまちの事業に投資することは可能なはず、と考えたのです。

では、どうやってコストを減らしたか。熊本の商店街の場合、目を付けたのはゴミ処理でした。

熊本市の中心部には主として「上通」「下通」という二つの大きな商店街がありますが、このうち下通側の路地裏には様々な飲食店街があります。南さんが商店会長を務めている城見町通りがこの一角にあたり、最初の〝実験場〟となりました。

さすがに飲食店街だけあって、毎日大量の生ゴミが出ます。しかしいずれの建物にも、中にゴミを一時保管しておく場所がありません。かといって屋外にゴミの集積所が設定されていたわけでもない。だから営業終了後、店から出たゴミをゴミ袋に詰め、店先に捨てていくのが常でした。それをゴミ回収業者が回収していくわけです。

想像していただければ分かると思いますが、この光景は悲惨そのものです。路上の各所にゴミの山が出来ると、そこが〝にわかゴミ集積所〟となって、みんなが勝手にゴミを捨てていく。そこにカラスが寄ってきて、傍若無人に食い散らかす。時には電子レンジや洗濯機まで不法投棄されることもある。とても営業している店の前とは思えませんでした。

地元の不動産オーナーとしても、問題だとは思いながらもこれといった打開策がなく、放置せざるを得ない状況でした。ごみ処理の正常化は、単にコスト削減という意味だけではなく、極めて重要な地域課題でもあったのです。

束ねてコストを下げ、品質を上げる

熊本市では、建物のオーナーやテナントの店がゴミ回収業者と直接契約して事業系ゴミを回収してもらうのがルールになっています。オーナーが契約する場合は、その費用を「管理費」のかたちで店から徴収するのが一般的です。

しかしテナントの中には、そのルールさえ分かっていなかったり、意図的に無視している人もいる。「うちの店はゴミが出ないのよ」と開き直るクラブのママさんもいました。そんなはずはないので詳しく聞いてみると、どうやら自宅に持って帰って捨てているらしい。細かく言うとそれは違法行為なのですが、そんな意識もないのです。あとは回収時間を守らず、昼間にゴミを捨てる人もいたりと、ある意味で無法地帯化が進んでいました。

ゴミ回収業者との契約も、ほとんど相手の言い値で行われていました。一ヶ月あたり三〇〇〇円の店もあれば、二万円の店もあった。もともとコスト全体から見れば小さいため、ずさんな契約がまかり通っていたわけです。郊外のチェーン店の契約水準からするとかな

り高い水準になっており、同じ商売をしていても中心部でゴミを捨てると高い金額を支払わなくてはならない。これは、商売をやる上で不利な条件の一つとなっていました。

そこで、まずはこのあたりからメスを入れようと考えました。ポイントは、各店舗、各ビルがバラバラだった契約を一本に束ねること。当たり前の話ですが、各自がそれぞれ行ってきたゴミ回収業者との契約を一本化すれば、規模が拡大して交渉力が働き、さらに回収ルートも効率的に設計出来るためコストは安くなります。

重要なのは単に値切るのではなく、相手事業者にとって引き下げが可能なだけの理由をつくること。ゴミ回収業者も商売でやっているわけなので、納得出来る条件を提示しなくてはなりません。私たちは各店舗を一括にまとめる、その毎月の回収料金もこちらで集める、さらに回収ルートも効率的に設計し、回収時間もルール化して加盟店舗に守らせることを約束しました。

ここまですれば、事業者にとっては営業と資金回収の人件費が必要なくなり、資金回収ロスのリスクもなくなります。さらに、回収ルートを効率化できれば、作業時間も少なくて人件費を軽減できる。

このような仕組みを考えたうえで、まずは加盟ビル、加盟店募集のために私たちは地域の建物のオーナーや店主を集め、何度も説明会を開きました。マネジメントの話から始まり、ゴミ回収の共同契約の話に展開して、「みんなで連帯して契約をしたほうが絶対に得ですよね」と解説していく。その繰り返しです。

一年ほど経過したところである程度賛同者が集まってきました。ここから先は論より証拠、まずは、実際に試してみたほうがみんなの理解も早いだろうという話になります。計画を説明しただけでは、その実効性を信じられない人もまだたくさんいるからです。そこで、前述のように、私を含む四人の共同出資によって会社を設立したわけです。その初仕事として、賛同する不動産オーナーのビルに入居する五四店舗の加盟店と共に、一つのゴミ回収業者と共同契約を結びました。

その結果、年間で総額一七〇万円ほどのコスト削減に成功。さらに回収ルートや時間を順守したことで路上放置のゴミも減少しました。まちぐるみで束になればコストが削減でき、さらに景観の改善にもつながることが証明されたわけです。

「三分の一ルール」を徹底

大きなポイントは、誰一人として損も無理もしていないということです。基本的には契約を切り替え、ゴミを捨てる場所や時間を定めただけで、改善出来たわけです。その分、管理費を引き下げたオーナーもいて、テナントに感謝されると共に驚かれたりもしたそうです。普通、不動産オーナーがテナントに出向くといえば、トラブルか値上げの話しかないと決まっていますから、無理もないでしょう。

また、熊本城東マネジメントも株式会社ですので、削減したなかから不動産オーナーに値引きした差額の一部を手数料として受け取ります。また、一部は地域への投資にも回します。これがないと意味がない。

これを私たちは「三分の一ルール」と呼んでいます。コスト削減したものを単に不動産オーナーと会社で折半しただけでは、その場の利益で終わってしまいます。必ず三分の一は未来に向けた投資基金として積み立て、地域に再投資するというルールにしているのです。

実際に熊本では、清掃を行う地元ＮＰＯに寄付をしたり、地元放送局のラジオ番組のスポンサーとなって新規出店した店舗を紹介するコーナーを設けたりしています。さらに最近では、路上で開かれるマーケットを立ち上げたり、シェアオフィス開設など、まちへの投資を広げています。

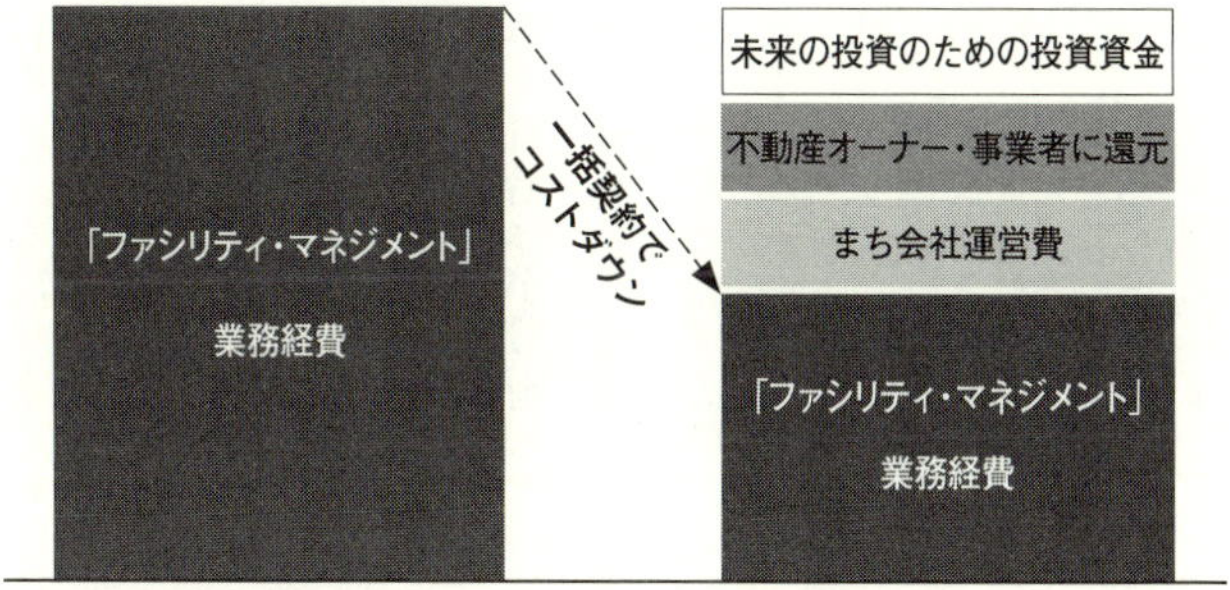

図1−1 「3分の1」ルール

毎月開かれるその「シードマーケット」では、起業したい、店を持ってみたいという人に有料で出店してもらいます。これには、文字どおり〝種まき〟の意味があります。ここで売上を積み上げていければ、やがて空き店舗に入居して本格的に商売を展開してくれるかもしれません。今では空きビルを活用したリノベーション（改装）型のシェア店舗の話も進んでいます。単なるコスト削減と利益分配で終わらぬよう、資金が常に回り続ける仕組みをつくることが重要です。

いずれにせよ、私たちの目論見はかたちになり、その成果を地元の方々に見せることが出来ました。疑心暗鬼で参加をためらっていた不動産オーナーにも、ようやく自信を持って説明することが可能になったのです。それまでは強気なことを言っていても、やはりどこかで「どうなるかな」という不安はありました。確信に変わるだけの十分な成果をこの時に得ることが出来たのは、その後への大きなステップとなりました。

「挨拶」する本当の理由

新しい土地で事業を立ち上げる際、「挨拶」は重要です。

熊本のプロジェクトをいよいよ事業化しようと考えたとき、私たちは地元のある経済団体や自治体が参画しているまちづくり会社に、「一緒にやりませんか」と声をかけました。やはり地元の事業は、地元の多くの人が参加する組織でやることが望ましいのではないか、という意見があったからです。しかしその社長さんは、うーん、としばらく考えたうえでこう言いました。

「この会社は意思決定がものすごく大変だからやめたほうがいい」

この組織は多くの企業から出資を受けているため、各出資元の企業にいちいちお伺いを立てなければ何もできないというわけです。

「やりたいこともできずに何のためにやっているんだろう」と思う反面、私にも思い当たるフシがありました。確かに商店街ネットワークの社長だった頃、出資金の使い方一つにしても、全国の出資者からいろいろ文句を言われたものです。「全員のコンセンサスを得るまで動けない」というのは、日本に根付いた悪しき慣習。それは土地が変われど同じだったわけです。

「だから、この事業はあなたがたが勝手にやったほうがいいと思うよ。お金が必要なら、僕が個人的に出資してあげるから」

とは社長の弁。もっとも、私たちとしても、彼らの協力がどうしても必要だったわけではありません。前述のとおり、ビル経営を効率化しまちづくり財源を生み出す、エリア・ファシリティ・マネジメントに、莫大《ばくだい》な投資はいりません。それよりも、とりあえず新参者として、地元に根付いた会社に筋を通しておこうと思ったまでです。

その際、この社長さんには建設的なご意見をいただけたものの、地元経済団体の専務からは猛反発がありました。「勝手にやるとは何事だ」「地元の事業者を競争させて値下げをするなんて言語道断」と厳しいお叱りを受けたのです。まあ、確かに、そのように見られる側面もありますが、不当に高い処理費用をまちの商店ばかりが負担するのは変な話です。だから実行する決意は変えませんでした。

新しい取り組みは、誰もが合意してくれるわけではありません。しかし、実行し、紳士的に取り組みを進めれば、最初は猛烈に反対していた人も、後には矛を収めてくれます。いい意味で初期に〝無視をする〟ことは大切なのです。

こういう挨拶は、その後、各地で新たに事業を立ち上げる際にも必ず行っています。表向きは「ぜひ一緒に！」と持ちかけるためですが、内心そんなことは期待していません。相手も、その誘いに乗ってくることはほとんどありません。要するに好き勝手に活動させてもらうための〝通過儀礼〟なのです。

後になって「うちは聞いてない」などと言われると、何かと面倒なことになりますし、百に一、もしくは千に一、協力してくれる可能性もあるからです。期待せず、そして臆病にならずに説明に行くのがいいと思っています。一度出向いて説明する程度であれば、手間も時間もたいしてかかりません。

地域で目立つ事業をやればやるほど、地元から反発を食らう可能性は高まります。まちづくり業界においては、新しいことは常に非難されるのです。どれほど優れた事業で、地域にメリットをもたらしても関係ありません。悲しい話ですが、これが現実です。だから先手を取って、きっちり筋を通しておく必要があるわけです。こちらが筋を通しておけば、何を言われてもどーんと構えていればよいのです。

競争の何がいけないのか

ゴミ回収業者との契約についても、当初はスムーズにはいきませんでした。例えば最初の年に契約した業者が、二年目に急に値上げを言いわたしてきたこともその一つです。

そこで改めて合見積もりを行うと、今度は地元の有力業者間で〝調整〟めいたことが行われて、見積もりが高いものしか出てこない。この時に、やはり考えるのとやるのとでは、全く違うのだと思い知らされました。

そこで、出来るだけ独立性の高い第三の事業者と交渉して、彼らにも見積もりを出してもらい、ようやくまともな金額での契約が可能になったのです。各事業者からすれば、値下げは当然したくないとは思いますが、不公正な状態がまかり通っているのは問題です。地方都市の場合には完全な競争環境がなく、どうしてもこのような業界での〝調整〟が入り、交渉力のない中小店舗ほど割りを食ってしまいます。大手のチェーン店は電子入札にしていて、時には県外の業者まで呼んできますが、中小店舗にそんなことは出来ないだろうと、なめられているわけです。

ビジネスの常識で考えれば、競争によって切磋琢磨《せっさたくま》し、生産性が上がり、企業として成長するのが当たり前。これはまちも同様です。まちは外のまちと競争しており、中心市街地と郊外も同様です。生産性をあげるためには、このような不当な〝調整〟を改善しないと、お店がどんどんなくなっていくだけです。

ゴミの事業者が不当に商店街で儲けていたということは、それだけ商店街が過剰なコストを払っていたことを意味します。それが商店街の競争力を削いでいるわけです。

それでも、コスト削減は「パイを奪い合う行為だ」とか「何も生み出さない」みたいなことを言う人がいますが、そんな悠長《ゆうちょう》なことを言っているからこそ、衰退していくのです。要するに、「非効率は素晴らしい」と真剣に思っている人が少なからずいるのが問題です。既存のルールを疑うことなく、しかも非効率なことを保持するのが自明になっているような姿勢からは、活性化につながるものは何一つ生まれません。

合理的な仕組みをつくり、改善し、それに対応したコスト削減を行うことは、極めて当たり前の話です。効率化された労力や資金を別のことに投資し続ける、その連鎖によって社会は改善されるのです。

重要なのはカリスマよりもシステムだ

二〇〇八年に熊本で仲間と会社を設立し、事業を展開して、かれこれ七年が経過しています。その間紆余曲折《うよきょくせつ》はありましたが、確実に改善されたことがいくつかあります。

まず、現在では城見町通りのみならず、仲間が少しずつ増え、下通の他の地域、さらに上通りへと事業を拡大させつつあります。参加する店舗数は一七〇店ほど。契約改善前と比較すると、合計で年間四〇〇万円以上の経費が改善されています。さらに、路上のゴミ山も減少し、契約店舗はちゃんと決められた場所にゴミのシールを添付して捨てるようになりました。もちろん、会社としても創業以来ずっと黒字を続けています。その利益は、前述のとおりまちの魅力を高めるために再投資しています。重要なのは、利益を使ってしまうのではなく、まちに必要な事業にさらに投資するということです。

いずれにせよ、利益はまちに新しい人が入ってくるよう再投資するのが基本です。それも、一過性の〝お祭り〟では意味がない。少しずつでも、投資が投資を呼ぶような好循環を生むことを目指しています。

重要なのは、こういうシステムをつくり上げたり、必要に応じて臨機応変に組み替えたりすることです。最初はエネルギーが必要ですが、その仕組みがしっかりしていれば、実践するメンバーが入れ替わったり増えたりしてもうまく回ります。仮に私が抜けたとしても、機能するでしょう。

逆に言えば、誰かカリスマ的または強権的なリーダーがいて、その人が頑張り続けないと維持できないシステムは脆《もろ》いということです。既に、どこかで無理が生じている可能性がある。日本の組織によくあるパターンですが、リーダーがいなくなった途端、ガラガラと崩壊するのではないでしょうか。

「まち会社」の顧客は誰か

事業目的とターゲットを明確にせよ

従来、各所で「地域活性化」として行われてきた事業は、「よりよいまちに」などと曖昧なスローガンを掲げるばかりで、事業としての収支に厳しく向き合っていませんでした。これでは、実効性がないのも当然です。

地域の売上をつくり、事業のコストを出来るだけ絞り、利益率を注視し、地域への再投資につなげていく。ここまで考えられて初めて、「まちづくり」「地域活性化」は地域経済に変化をもたらし、利益を生み、その取り組み自体もしっかりビジネスとして成立し、実効性を持ちます。その意識を明確に共有するために、本書では、従来の第三セクターなどが中心になって行ってきたTMO（タウンマネジメント機関）がしばしば使ってきた「まちづくり会社」と区別するため、「まち会社」という呼び方をしようと思います。

「まち会社」といっても一般には馴染みが薄いかもしれません。これは、イベント会社やコンサルタント会社、ましてやボランティア団体等ではありません。まちの不動産オーナーなどと共に設立し、各不動産や店舗の改善を行い、さらにエリアの価値を高めていくという、目的も収益源も、そして顧客もはっきりしたビジネスです。

「熊本城東マネジメント」の場合、目的は熊本城東地区にある上通、下通という商業街区の不動産の経営改善を行うことです。お客さんは不動産オーナー。この点を明確にすることが、極めて重要です。

一般的な商売と同じです。主要な顧客のターゲットは誰かと考えたとき、「子どもからおじいさんまで」などとする商売はうまくいきません。顧客を絞れないということは、自分たちが何をしようとしているのかが理解出来ていないということと同じで、そのような商品やサービスは、結果的に誰からも必要とされないものになります。まち会社も同じです。

そして、まち会社の顧客は主として不動産オーナーです。彼らのために、さらにどんな顧客を想定出来るか、具体的に提案できなければなりません。

まち会社の主な業務は、顧客が持っている不動産の維持管理コストを出来るだけ削り、空いているフロアに関しては改装して価値を高め、粗利率の高い新規出店による新たな売上をつくり、その不動産が面している道路は出来るだけ美化をし活用を促進して、エリア全体を含めた資産価値を高めることです。

既存不動産のリノベーション事業は、不動産オーナーの新規投資規模を抑えるだけでなく、テナントにとっても新築より低コストで出店が可能になるというメリットがあります。まちに新しい魅力的な商品やサービスを提供するお店が出来れば、地元の消費者も、生活を楽しめるようになります。

つまり、まち会社にとって、不動産オーナーが第一次顧客であるとすれば、第二次顧客はテナントであり、第三次顧客は一般の消費者ということになります。第三次顧客まで恩恵を受けられるということは、結果的にまち自体が盛り上がることを意味します。「まちのみんなに」なんて全ての顧客を一緒くたに捉えて、曖昧なことを言っていてはダメなのです。

まちを本気で活性化させたいなら、まち会社はまず第一次顧客である不動産オーナーに向けてサービスを提供し、その事業が黒字になることが大前提です。その効果が、第二次顧客、第三次顧客へと波及していくのですから。

私たち以外にもまちづくりをビジネスにしている会社はあるし、「地域活性化」を標榜《ひょうぼう》するプロジェクトも多々あります。しかし、うまくいっていない取り組みでは、「誰が得をする話なのか」という部分が明確ではないように思われます。「まちづくりはアセット・マネジメント」と断言したアメリカの不動産オーナーほどとは言いませんが、まちをよくするためには、まずは誰と何を変えていくのかを意識する必要があります。

そこが不明瞭だと、具体策が何も出てきません。誰も得をしない。結局、「みんなのため」という曖昧な目的のもと、全て税金に依存する話になってしまうのです。

不動産オーナーがまちの価値を高める

本章の最後に、「熊本城東マネジメント」をはじめとする不動産オーナー相手の事業で、当初から私たちがモデルとしている仕組みについて紹介したいと思います。

それは、海外では「ＢＩＤ（Business Improvement District）」と呼ばれているもので、特定の地域において不動産オーナーが固定資産税のようなかたちで負担金を出し合い、地域を改善する事業に投資し、資産価値を上げるという仕組みです。地域再生において、アメリカをはじめ、イギリス、ドイツやオーストラリアやニュージーランドなど世界各国で採用されている政策・事業です。

ＢＩＤのポイントは、本章の冒頭でも述べたように、不動産オーナーが単独ではなく連携している点です。資産価値を上げるためには、自分の不動産だけをよくしても限界があります。自分の物件がどれだけ立派でも隣の家屋がゴミ屋敷であれば誰も入居したいとは思わないでしょう。周辺の治安が悪かったり、路面が汚れていても価値は下落します。これを防ぐためには、エリア全体で不動産オーナーが連帯して、常に周辺環境を改善していかなくてはなりません。放っておいては、そのまちの魅力、すなわち不動産価値は上がらないのです。

また、こうした概念や仕組みを、きちんとルール化している点も画期的です。例えばアメリカ・ニューヨーク州などの場合には、設定する地区の床面積全体のうち、五一％の不動産オーナーがその事業に賛成すれば、残り四九%が反対しても負担金を五年間拠出させられる、というルールを持っています。三〇年以上前からある法律ですが、実はもともと国や州政府がつくったものではありません。制度がないなかで、まず民間が事業に取り組み、成果を出し、そのうえで政策提言をして社会制度にしてきた経緯があります。

確かに、これは非常に合理的な考え方だと思います。一部の土地の資産価値が落ちたとしても、行政がそのエリアを特別扱いして再生するのは極めて困難です。「どうしてこの地域だけ救う必要がある?」と、他の地域の住民から不満の声が上がるからです。自治体の財政が逼迫《ひっぱく》していればなおさらでしょう。

かくいうBIDも、まさに一九七〇年代に、アメリカの経済が悪く、州財政も厳しい時代に民間の知恵によって生み出された制度です。この事実は、最後の最後にその地域を、そのまちを救うのは不動産オーナーしかいないということを表していると思います。行政でさえ、民間の資産を強制的に活用することは出来ないからです。地域の面積のほとんどは民間が保有しています。その民間が諦めて、行政任せにしたら終わりなのです。

これは都市中心部だろうと、観光地だろうと、農地だろうと、山だろうと同じだと思います。それぞれその土地に紐付く資産を持つ人たちがまずはリスクをとらなくては、一体、誰に何が出来るのでしょうか。

当事者意識が全てのカギ

一方、日本ではまだ、不動産オーナーが中心となってまちづくりを推進する、ということは主流にはなっていません。立ち上がるべき人が立ち上がっていない。身銭を切って自分のまちのために投資しているわけでもないのに、不満があれば役所に乗り込み、「なんとかしてくれ」と頼み込む。「損はしたくないが得はしたい」という意識が充満しているわけです。

そして、不動産価値は景気で決まり、まちの価値は行政がつくってくれるといまだに信じています。戦後長らく、行政主導の仕組みがうまく回ってしまったがゆえに、自らが率先して立ち上がる意識がなくなってしまったとも言えます。

その要望に応えて、官が税金を投入して巨大な再開発などを行っても、今は開発だけが行われ、テナントは埋まらず、結果ますます衰退していってしまう。土地を供出した不動産オーナーは売り逃げが出来るかもしれませんが、それは「このまちを捨てる」と彼らが決断したときです。

いわゆる「シャッター通り」商店街の多くも、実は特段困っていない。よくメディア等では「地方経済の衰退の象徴」といったイメージで捉えて報道しますが、必ずしもそう一面的には捉えられないのです。

表通りにある物件を閉めたまま放置しているのは、その不動産オーナーの生活に余裕がある証拠です。もし本当に経営的に追い込まれていたら、銀行に全て抵当として取られているはずです。余裕があるからこそ、物件を汚いまま放置しておけるのです。しかし、不動産オーナーが自分の生活が安泰だからといって、物件を汚いまま放置してそれが何軒にもなれば、地域の価値は下がります。私たちは、彼らのこうした無自覚な態度を、「まちの公然猥褻」と揶揄《やゆ》しています。

その背景にあるのは、不動産オーナーの公共意識の希薄さです。自分の資産は個別のもので、周辺地域とつながっているとは考えていないわけです。そして、自分の資産だから自分の勝手にしていいのだと思っているのです。不在地主ともなれば、その場に住んでいないので、そのまちに興味や愛着さえもない。

繰り返しますが、まず不動産オーナーが本気にならなければ、地域はどうにもなりません。外部の人間が勝手に物件をいじるわけにもいかないですし、どんな提案をしようとも、意思決定権は不動産オーナーが握っています。行政がどれだけ税金を突っ込んで開発したとしても、一％の敷地に立派な建物が出来るだけで、残り九九％の建物が放置されたままならば、まちはよくなりません。まちのオーナーシップは、不動産オーナーにあるのです。

全国津々浦々、あらゆる場所において、その場所のオーナーシップを持つ人たちが当事者意識を持たない限り、いくら優れた手法があっても機能しません。まずは彼らがこのような発想を持てるかどうかが、今後の日本の「まちづくり」を大きく左右するのです。

＊1　進みゆく地方都市の空洞化を是正するために制定された三法のこと。自治体が、特定のエリアを用途に応じて「○○地区」などと設定出来るようにした「改正都市計画法」、シャッター街化が進む中心市街地活性化のために商工会や第三セクターによるTMO（タウンマネージメント機関）の導入が定められた「中心市街地活性化法」（以上一九九八年施行）、全国チェーンの大型スーパーなどのいわゆる「大型店」の出店について、地域に与える生活環境面の影響を考慮する旨定められた「大規模小売店舗立地法」（二〇〇〇年施行）。

第二章

まちづくりを成功させる「10の鉄則」

まちづくり事業の「開発投資チーム」

「熊本城東マネジメント」を立ち上げた翌二〇〇九年、私は全国の仲間たちと「一般社団法人エリア・イノベーション・アライアンス（AIA）」を設立しました。

早稲田での取り組みで、成果を残した後に先進地域として役所の「成功事例集」に掲載され、他の地域に補助金セットでその手法が広がり、そして失敗していく様子を目の当たりにしました。さらには先進地域であった早稲田自体にもモデル事業予算が投入されて、体制自体が崩壊していくのを体験しました。

このような地域活性化における負の連鎖を断ち切るべく、AIAは民間主導で、成果を残す事業を開発し、さらにその成果をもとに他の地域に広げていくために設立されました。設立メンバーはみんな、全国各地の現場の実践者たちです。現場が互いに連携し、互いの手法を学んでいけば、税金に頼る必要もないのです。あくまでも民間ベースでまちづくりの革新的な方法を編み出し、実践し、その内容を積極的に情報発信する全国各地の連携組織であるため、「エリア・イノベーション・アライアンス」なのです。そういう意味では、会社と組合の中間的な性格を持った組織と言えます。

AIAはいわゆるコンサル会社ではありません。全国各地の「まち会社」にアドバイスをするわけではないからです。何かを変えよう、何かを立ち上げようという時に、アドバイスするだけで実行出来る地域などありません。現場の不動産オーナーの方などと共に事業の立ち上げに携わり、互いに業務を分担し、時には共同出資で会社を設立して一緒にリスクを負うことを旨としています。

立ち上げた事業で利益を生み出すので、ＡＩＡはその利益に応じた収入を得る方式になっています。その他、現場で得た知見をもとに情報配信したり、政策に関連する調査研究などを行い、そのコンテンツ事業でも収益をあげています。そうして稼ぎをつくり、新たに地域に必要とされる事業開発に再投資していくという組織です。

実際に事業を行っていくと、当然のことながら計画段階では気付かなかった課題に直面することが多々あります。それを乗り越える方法を考え、成果や失敗を検証し、蓄積し、具体的なレポート等にまとめれば、その方法論自体が各地と共につくり上げた財産になります。それを各地で事業を立ち上げようとしている不動産オーナーに配信し、それぞれのまちづくりに活かし、もっと発展的な手法をつくろうというのがＡＩＡの基本スタイルです。その意味では、営業や製造部隊というよりは、技術の研究開発チームに近いかもしれません。事業の細かなことは実践した人間にしか分かりません。第三章でも述べますが、事後的に聞き取りをしてまとめられる情報程度では、実践には全く役に立たないので、自ら現場で実践しているメンバーが、体系化まで取り組むことが重要なのです。

私たちが旨としているのは「自前主義」。何でも人任せにせず、自らの現場を持つメンバーがやれる範囲で結果を出しながら、その分野全体の発展を目指します。これこそが、他力本願が続いてきた地方活性化において大切なことだと思っています。

お金より覚悟が大事

このような仕事柄、私は全国の〝悩める地域〟からお招きいただくことがあります。とてもありがたい話ではあるのですが、最初にお伺いする前に、「単に話を聞きたいという依頼はお受けしていません」と返信させていただいています。「実際にその地域で事業を立ち上げていこう」という話であれば、私もがっつり事業開発というかたちでご協力出来るのですが、「いい話を聞く」ことを求められているとすれば、私は噺家《はなし》でもないので、そのご期待にはそえません。

実際に現地に呼ばれると、一番最初に「過去の常識は今の非常識」と題し、戦後の拡大経済時代の定石が全て通用しなくなっている、こんな失敗が繰り返されている、という話をします。過去を否定する話ですから、なかには気分を害される方もいて、別名「二度と呼ばれない講演」なんてことを言われたりするくらいです。

それでもぜひやりたい、と言ってくださるありがたい地域だけにはおじゃまし、そのうえで自分たちの方針を説明し、地域で覚悟を決めてくださいとお願いします。一番最初に一番厳しいことをお伝えするのは、ハラを括ってもらうためです。重要なのは、お金ではなく、覚悟です。お金は一緒に稼げばよいですが、覚悟はそれぞれの方が自分で決めるしかありません。

地域のために自腹を切れますか？

覚悟が決まれば、いよいよお金の話です。地域を活性化させたいなら、それによって最も恩恵を受ける人、つまり不動産オーナーが、そしてプロジェクトを立ち上げ稼ぐつもりの私たちがまずお金を出し、汗をかくことが大前提になります。前章で述べたとおり、全てはここからスタートします。従来の「成功事例をタネにして、コンサルに丸投げし、財源は税金でやる」というのに慣れた日本の「地域活性化」にはあまりない発想のため、多くの方は驚かれます。

とはいえ、先行投資する額などたかが知れています。事業にもよりますが、第一章で紹介した一括契約によるコスト共同化事業などであれば、数人が数十万円から一〇〇万円程度を出し合えば、初期投資は十分にまかなえ、一年か二年で回収可能です。はした金とはいいませんが、不動産オーナーをはじめ、地元の名士、地元を背負って立っている人たちであれば、出せない金額ではありません。

ところが現実には、その程度のお金さえ地域のために出す人は少ない。自分の飲み代や子・孫へのお年玉は惜しまないし、娘に車を買ってあげたり、海外旅行に行ったりするお金はあるのに、自分のまちを守るために出すお金は出し渋る。

それはつまり、活性化を真剣に考えていない証拠です。本人たちが真剣にならないとすれば、他の誰が真剣になるのでしょうか。いくら成果を出せる方法があったとしても、中途半端な覚悟では実現は出来ません。楽して実を取るような都合のよい方法はないわけです。

講演などでこう話すと、ほとんど反論は返ってきません。地域の方は、一様に「なるほど」と納得されます。「よくぞ言った」と褒めてくれる方もいます。

しかし、具体的に「ではみなさん、自分のまちのためにいくら投資しますか」と問いかけると、今度は一様に下を向いて黙ってしまう。要するに、自身の問題として捉えていないということです。

地域外から来た私のような人間を、好き勝手を言う評論家だと言う人もいますが、そんなことはありません。地元で生まれ育っていても、〝評論家〟は山ほどいます。地域の衰退と自分の問題とは別問題、と捉えてしまっている。ましてや、自分で不動産を持っていて、それが空き室だらけで、自らどうにか出来る立場にある人が、そのような姿勢になってしまったら、もはやどうにも出来ません。

いろいろな土地に行きましたが、結局、何か行動に移してみようと積極的に考える方は、一〇〇人中せいぜい一人いればいいほうでしょう。

それはなぜか。

私の力不足・説明不足の問題も大いにあると思います。しかし一方で、〝役所依存〟の気質がいまだ根強いことは否定できません。ふだんは「役人はバカだ」などとさんざん文句ばかり言うくせに、やはりまちづくりと言えば役所の仕事であり、頼りになるのは役所だと思っている人も少なくありません。役人に再生の絵を描いてもらい、あわよくば補助金がおりてくることも期待しているわけです。

もちろん、地域活性化事業を進めるには、役所との協力も必要です。しかし、彼らに依存するだけでは地域は変わりません。行政はもともと変化を生み出すためにつくられた組織ではないからです。

もし、本書を読んでいるあなたが、本気でまちを変えようとしている「一〇〇人のうちの一人」だったとしても、悲観する必要はありません。

まちを変えるのに必要なのは、一〇〇人の合意よりも、一人の覚悟です。九九人が諦めていても、一人が覚悟を決めて立ち上がってくれれば、私たちも覚悟を決めて歩み出すことが出来ます。

沈むまちの「言い訳テンプレート」

動き出さないまちの人たちに共通しているのは、「自分たちのまちは他とは違う」という、特別な意識を持っていることです。

「うちのまちは特別に閉鎖的だ」

「この地域の人はもともと全員慎重だ」

「出る杭は打たれる風土だから」

「リーダーになって引っ張ってくれる人がいない」

このあたりは、全国共通で、自分たちの地域だけが特別このような圧力が強くて何も出来ない、というロジックとして使われる例です。

次によく聞くのが、地理的な特徴です。

「ここは山奥だから」

「うちは海沿いだから」

「雪が降るんですよ」

「毎年台風の通り道になるから」

逆に、「ここは台風も大雪も滅多に来ない穏やかな気候だから、みんなのんびりしちゃうんですよ」と大真面目に語る方もいました。もしそうだとしても、衰退をどうにかしよう、という話の時には言い訳にしかなりません。周りがのんびりしてても、自分は違うことをすればよいだけです。

さらに、よく出るのは歴史・文化的な話です。

「江戸時代のナントカの乱の時、うちの殿様は戦わずに逃げた。以来、逃げ腰が我がまちの文化なんです」

「うちは天領だったので、そこら辺のまちとは違うのです」

「大きなお寺があって、そこに来る人だけを対象に商売をやることしか考えていないのです」

書き出すとキリがないですが、つまりは「自分の地域は特段難しいので、そう簡単には出来ない」と、「出来ないこと」を補強するための情報をどんどん出してくるわけです。

しかし、正直なところ、それを言っていても、衰退は止まりません。様々な「〜のせいで出来ない」というのが地元の総意であれば、私みたいなちっぽけな存在に出来ることは特段ないわけです。閉鎖的な環境も、気候を変えることも、歴史や文化を変えることも私には出来ません。

しかし、言い訳をせず、「出来ることに挑戦する」ことならいくらでも協力出来ます。生まれも育ちも全く違う私が、様々な地域の方々と小さくとも取り組みを実践出来ているのは、なぜでしょうか。それは、その地域が開放的であるからでも、気候が快適だからでも、歴史文化にもとづいているからでもなく、何事も言い訳にしない、覚悟を決めた地元の方々がいるからです。やれるかやれないか、ではなく、やるかやらないか、なのです。

もっとも、このような問題は地域に限った話ではありません。例えば都心で働くビジネスマンと話をしていても、「これは我が社の方針ですから」「うちの会社はおとなしい人ばかりなので」といった言い訳をよく聞きます。ならば出来る部分から自分で変えればいいのに、と思ってしまいます。「雰囲気」や「空気」に全ての責任を押し付けていれば、個人は悪くない、という話になるので楽ではあるかもしれません。しかし、それでは、組織はどんどん悪くなる一方です。

多くの賢い人は、そういう組織には見切りをつけて転職してしまうと思いますが、地域も同様です。賢い人ほど、他の地域に移っていきます。地域を変えるよりも、自分の住む場所を替えるほうが簡単かつ現実的だからです。

だからこそ、不動産オーナーや基幹産業の経営者など、地域を担っている存在が言い訳をせず、覚悟を決め、行動していくことはとても大切だと思っています。

とはいえ言うは易く行うは難し。本書では白黒ハッキリ書いていますが、かくいう私も常に翻弄されながら、自分の甘えと闘っています。人間ですから、気を許したとたんに言い訳してしまいたくなる。これは一緒に事業に取り組んでいる各地のパートナーたちもみな同じです。

だからこそ、このような環境下で、まちづくり事業をどのように展開するか。様々な工夫がいります。私たちが実践を積むなかで確信した、基本的な必勝パターンを、「10の鉄則」にまとめて紹介したいと思います。

鉄則① 小さく始めよ

たった一軒の店がまちを変える

どんな地域にも、「空気」に飲まれない人は必ずいます。一見すると沈んで、誰もいないようなまちでも、見付けられていないだけで、実はどこかに隠れていたりします。地元コミュニティではある意味、厄介者《やっかいもの》と見られたりしていても、自らお店をつくり、まちをなんとかしようと挑戦している人です。私たちは、伝手を頼ったり実際にまちを歩いてそういう人を見つけ、そこを起点にして考えることにしています。たくさんの市民を集めて会議をやっているだけでは、問題を整理したり、意見を聞くことは出来るかもしれませんが、解決に向かって実際に動き出す人を見つけるのは難しい。

最初は数人で構わないのです。むしろ、まちの変化を起こすのに大それたことを考えるのは逆効果だったりします。地域活性化で成果をあげるのは、一致団結した大集団ではなく、孤独と向き合って覚悟を決めた少人数のグループです。たとえ一軒の店からでも、その地域に変化を起こすことは出来ます。

その実例を一つ、紹介しましょう。

今から一〇年ほど前、兵庫県丹波市の柏原町《かいばらちょう》という山あいの地域で、古民家を再生してイタリアンレストランを出すプロジェクトがありました（それに携わった加藤寛之さんは、今はＡＩＡ関西を共に運営しています）。腕のいいシェフが生ハムを自らつくるような、かなり本格的な料理を出す店をつくろうというプロジェクトです。しかし資金には限りがあったので、学生なども集めて町屋を改修し手作りで内装を仕上げました。

出店前、地元の方を集めて説明会を開いたところ、かなり厳しい意見が相次いだそうです。いわく、「このまちで、スパゲティなんか食う奴はいない」「地域にハイカラな店がないのは、そもそもニーズがないからだ」などなど……。

それでも加藤さんたちはくじけず、プロジェクトを敢行しました。結果どうなったかといえば、今でもお店はしっかりと営業を続けています。私もおじゃましたことがあるのですが、地元丹波の食材を活用したメニューは、お世辞抜きでおいしかった。実は、私も最初はこのような立地で成り立つのかなと思いましたが、話を聞いてみると、地元の方だけでなく、はるばる三宮から車で来店するお客様もいるとのこと。

この時、彼らが地元の「声の大きい人」の意見を素直に聞いていたら、この店は誕生しなかったでしょう。誰も悪気はないのです。私も当初あそこで本格的なイタリアンと言われても、客観的に見れば難しいと言ったかもしれません。しかし、やろうと覚悟を決めた人たちは、言い訳せずに、粛々《しゅくしゅく》とよりよい店をつくり、おいしいメニューを開発し、毎日地道に営業してきた。だからこそお客さんがつき、経営が成り立ったわけです。

そうなれば、波及効果も生まれます。そのお店が賑わっていることで、周辺にもいくつか飲食店が進出しました。いわば一軒のイタリアンレストランが、そのエリアの「変化の核」となっているのです。経営が継続的に成り立っているお店に引き寄せられて他の店も出てくる、その蓄積が、まちを変えていくわけです。こうして地域外から人が訪れれば、地域全体にも少なからずインパクトをもたらします。

そもそも、今どき都心でもない限り、地域の大規模再開発などはあり得ません。仮にあっても、他と異なる明確な戦略がなければ失敗します。意欲のある人が自分の出来る範囲で新陳代謝を促すからこそ、まちが少しずつ変わっていくのです。「一発逆転」なんていうのは幻想です。

問題なのは、先の例のように、新しいチャレンジに対して地元の人がよかれと思った消極的な助言により、みんなが遠慮したり、意気を削がれて何もしなくなってしまうことです。もちろん、その新事業が成功するとは限りません。しかし、何も手を打たなければ、まちは衰退していく一方なのですから、やってみるだけの価値はあるはずです。一軒の店が出来るだけでも大きな変化なのです。

何もかたちになっていない段階で賛同することは難しいと思いますが、少なくとも、自分自身が取り組まないのであれば、もし意見を求められてもあまり余計な発言をしないことが大切です。私も、助言を求められても、自分がやらないプロジェクトに関しては安易なコメントをしないことにしています。

実際、何がよくて、何が悪いのか、やってみないと分からないことのほうが多いからです。一人や二人の協力者が現れるようになれば、まずは挑戦してみる。そのような小さな挑戦がまちでどんどん生まれ、どれか一つでもかたちになれば、まちとして未来に希望をつなぐことが出来ます。まずは小さな挑戦を、地域で許容していくことが大切です。

第一章でも述べたように、私たちが「熊本城東マネジメント」をスタートしたときも、最初の仲間は四人だけでした。しかし地道に活動を続ける過程で、しだいに仲間も増え、いろいろな提案をいただいたり、実際に新たなプロジェクトが立ち上がったりするようになりました。

「小さく始める」のは、「リーン・スタートアップ」といって、今の起業の流れでもあります。最初は小さくてもひとまずやってみる。それを地域で育てていくプロセスが大事なのだと思います。

ターゲットは絞り込む

第一章でも述べましたが、ある場所で新たに出店しようと思うとき、何より重要なのは方向性をしっかり定めることです。レストランの例で言えば、「若い女性をターゲットにしたピッツェリア」というような方針を明確に打ち出すから勝負出来るのです。このあたりは、ビジネスに慣れている人にとっては常識でしょう。

実はこれでもまだかなり曖昧で、もっと確実にお客さんを獲得するには、さらに絞り込んだほうが確度が上がります。例えば「地元に住んでいる一〇〇人の三〇代の人たちが使う店」と決めて、開店前からその一〇〇人を集めてイベントを開き、親しくなっておく、というくらいの用意周到さが必要です。

ところが、まちづくりにおいては、往々にしてコンセプトの中途半端な店や施設が生まれることがあります。「地元の人にコミュニケーションの場を提供する」などと標榜したものがその典型です。これは、何も言っていないに等しい。起案者に利用者の明確なイメージがない施設は、誰も寄りつかない。結局、オープン当初から閑古鳥が鳴き、やがてひっそりと閉鎖されてしまいます。

重要なのは、強烈な個性。ユーザーにとって、「これは自分の生活に足らなかったもの」と思わせる何かです。

今の時代は、一つの大きな施設で様々な人をカバーするのではなく、小さな特化型の施設が集積して、結果的に多くの人が利用出来る環境を実現するのが望ましいのです。

ユニークな店を多数集積

一点特化でビジネスが出来るのは役所が関わっていないからこそです。

施設や店舗開発に限らない話ですが、行政が税金を使って事業をする以上、特定の誰かだけが優遇されるようなことは出来ません。高齢者を優遇すれば「生活は若者のほうが苦しい」という話になるし、若者を優遇すれば「福祉が不十分」と批判される。だからまんべんなく「コミュニティの場を」という発想にならざるを得ないのです。しかしウラを返せば、それはどの世代、どの属性の人にとっても特段必要ではないものになってしまいます。みんなが使うことを考えたがゆえに、誰も使わなくていいものになってしまうという罠です。

民間ベースでやるからこそ、誰にも気兼ねすることなく、方向性もターゲットも絞ることが出来る。小さく始めれば、資金規模も身の丈に合った適正なものになり、ムダに大きなものは必要なくなります。また、「大きく儲けて一発逆転」型の妄想に引っ張られて物事が誤った方向に進むことも避けられます。実際に役所以外の誰からも資金を集められないような取り組みを民間でやるのは無意味です。

また、民間であるからこそ、「選択と集中」が民主的に行えるという点も見逃せません。民間事業と公共事業と、どちらがより民主的な意思決定プロセスをとっているかといえば、私の実感では圧倒的に民間です。

役所の意思決定は政治システムによって一定の公正さは担保されているものの、少なくとも個別事案に関しては、実際は一部の決裁者が決めているというケースが多い。一方、民間で少人数で取り組む場合には、実現可能なやり方かどうかを真剣に探らざるを得ないので、必然的によく話し合って方針を決定することになります。

また、まちの多様性という意味でも、民間が活躍する意味は大きいと思います。民間が一部に特化した施設やサービスをつくると、対象でない人たちが排除されるのではないかという人もいます。しかし、ある小さな事業が新しくできたからといって、その対象でない人にとってそのまちが住みにくくなるかといえば、そんなことはありません。

私の実感では、民主的なプロセスは、民間が率先して、小さくても多様なものを世の中につくっていくことでこそ達成出来るのではないかと思います。ユニークな店は、一般的には多くの人が必要としていなくても、一部の人には確実に必要です。

例えば一〇のカテゴリーがあったとします。一つの場が一〇を揃えるよりも、一に特化した場が一〇あるほうが、まちとしてよほど魅力的ではないでしょうか。

地域内にユニークな店や施設が増えて、多様な選択が可能になれば、総体として結果的に誰も排除されません。重要なのは、まち全体で多様性をいかに創出していくかということです。「一つの事業で全てをカバー」というような建前平等論にはもうサヨナラして、それぞれにとって本当に必要なものを多様に、多数集積していくこと。この小さな集まりこそが、住みやすいまちの実現に不可欠です。

ユニークなものの多数集積を目指して試行錯誤していく。そのプロセスそのものが民間の力を底上げし、まちを変える原動力になっていきます。

鉄則② 補助金を当てにするな

補助金依存の悪循環

周知のとおり、昨今の政府は「地方創生」を重要な政策課題の一つとして掲げています。それを反映して、政府も自治体もまちづくりに関する補助金のメニューをこれまで以上に拡充して、さらに地方の自主性を尊重する仕組みで提供しています。

一見すると、ありがたい政策のように思われるかもしれません。特に何かのプロジェクトを立ち上げようとしている人にとっては、「渡りに船」のようにも見えるでしょう。

しかし、実は全く逆です。百害あって一利なし。第一章で見たように、補助金は麻薬のようなものなので、ひとたび打ってしまうと、もうそれなしでは生きられない〝廃人〟になりかねません。

税金は、そもそも最初から事業性がない社会制度のためにあります。補助金を入れた瞬間に、その事業は本来の機能を失い、誰も対価を支払うような取り組みではなくなり、補助金なしには継続できない状況にまで追い込まれてしまいます。

補助金は事業メニューというものがあり、「こういうことをやれば補助金をあげます」と使い道がもとから規定されています。そうすると、補助金をもらうことが目的化して、みんなが役所の推奨する取り組みばかりするようになります。

しかも、補助金のメニューは他の地域でうまくいった事例をそのまま他の地域に導入する前提になっており、「同じようなことを、補助金を使って真似してください」と言っているようなもの。つまり、他の地域の枠組みのコピーを推奨しているにすぎないわけです。

各地域にはそれぞれ特性がありますから、「同一事業・同一成果」とはいきません。補助金をもらえたからといって、うまくいくとは限らないわけです。

それぞれの地域の問題の違い、立ち上げるチームの資金や人脈の違いなどは無視して、補助金に適した事業に取り組んだところで、それがまちの活性化につながるでしょうか。今の地方の現状を見れば、その結果は言うまでもありません。

いくら補助金をバラまいても、うまく立ち回ってそれをゲットした人だけが一時的に潤うだけで、地域全体の活性化には全く結びつかないのです。ところが、それを傍目に見ていた多くの人がますます「補助金をもらったほうが得だ」と判断し、補助金メニューに沿った事業ばかりに取り組むようになる。そのうち、官製メニューに沿った取り組み以外に、地域活性化について自発的に考える力そのものを失っていく……。

いわば「補助金依存の悪循環」に陥るわけです。

「ゆるキャラ＝地域活性化」の大きな勘違い

一過性のイベントなどは、その典型でしょう。「B級グルメ」だの「ゆるキャラ」だのと流行りに便乗して、広告代理店に丸投げでイベントをやらせ、ある程度の人が集まると、それで「成功」としてしまう。人を集めることが悪いとは言いません。しかし、それがまちにとってプラスかマイナスかの判断は、人がどれくらい集まったかではなく、その取り組みに参加した事業者や、場所を提供した不動産オーナーや公共セクターがどれくらい利益を出せたかにかかっています。そこをしっかり検証する必要があります。

どれほどイベントが盛況だったとしても、参加している人たちの事業が赤字になっては意味がありません。その赤字を税金で補填するなんて全くもって本末転倒です。人を集めるということにしても、イベント終了と共に引き潮のようにお客さんが去ってしまったとしたら、これまた意味がない。一瞬の賑やかさを多額の税金で買ったにすぎません。利益を継続的に出せなければ、その事業は活性化事業としてムダだと断言できます。

第一章でも述べたように、活性化とは「事業を通じて経済を動かし、まちに新たな利益を生み出すこと」に尽きるのです。それには、従来とは違う構造を生み出すことが欠かせません。

そもそも、補助金メニューのモデルとなった成功事例には、補助金が入っていないからこそうまくいったケースが非常に多い。きちんと経営を考えて試行錯誤したからうまくいったのであって、補助金があるから成果をあげたわけではないのです。私たちの取り組みも同様です。補助金を使わないで成果をあげた取り組みを、補助金を使ってコピーしようとすれば、それはただの劣化コピーに終わってしまうのです。

例えば、商店街のポスターを作成すれば補助金が出るという事業があります。もちろん、素敵なポスターをつくれば、興味を引いていくらか人は来るかもしれません。しかし、個々のお店に独自の魅力がなければ、その後もリピーターとして通い続けてくれるかどうかは分かりません。

ひどい場合には、補助金をとってポスターを作成して話題になったお店が、そのひと月後には廃業している場合もあります。よく聞いてみると、もう廃業することが決まっていたにもかかわらず、ポスターがタダでつくれるので乗っかったようです。この手の話は多くて、商店街の組織と、そこに紐付いて儲けようとする広告代理店が組んで、補助金がもらえるならばやりましょう、というノリでやっているにすぎません。「人の金で出来るなら」という発想からスタートし、一部の企業だけが得をして終わるような取り組みが、地域に新たな利益を生み出すでしょうか。甚だ疑問です。

悲劇を避けるために

では、補助金を得た当人はハッピーかと言えば、そうとも言えません。確かに補助金は、返す必要のないお金です。事業の初期段階で下駄を履かせてもらうようなものなので、自己資金や調達資金だけで立ち上げた人より有利なようにも思えます。しかしそれが、かえって大きなリスクになることが多々あります。
鉄則①でふれたように、最初は小さく始めて、少しずつ規模を拡大していくのが、縮小する市場環境でも通用する、事業立ち上げの一手です。取り組みが確実に成長してくれば、お金を出してくれる人も増加するし、民間銀行などから借り入れ可能な額も大きくなります。逆に自分で出せるお金や貸してもらえる以上のお金が必要だとしたら、その計画はすぐに見直すべきです。

身の丈に合った事業を徹底するには、事業に投じたお金は事業で回収し、返済していかなければなりません。「だから大変だ」と言う人がよくいます。確かに大変ではありますが、大変であるがゆえに様々な創意工夫、知恵が生まれるのです。自分の拠出した資金だからこそ、どうにかちゃんと成果を残していこうという覚悟も決まります。あえてドブにお金を捨てたい人は誰もいない。だからこそ、計画は具体的で、主体的なものになります。

一方、返す必要のないお金では、こういう状況にまでは追い込まれません。だから無計画なまま補助金のスケジュールに沿ってスタートして、あっという間に年度末に閉鎖するようなことになります。ダメでも「ま、仕方ないよね」という言い訳をするだけで、何も学べません。税金がムダになっただけでなく、地域に残すべき学びさえない。このマイナス効果は、もっと認識されなくてはなりません。重要なのは、成果に結び付けることです。プロセスとして楽かどうかなどを優先してしまうと、結果を得ることはできません。

補助金は、元をたどれば私たちの税金です。活性化という名のもとに、それが一文の価値もない麻薬になって大量に浪費されているとすれば、誰も幸せになっていないということになります。このような現状を問題だと思っている人は、民間にも役所にも、東京にも地方にも、あらゆるところにいます。

いきなり役所の制度を変えることは容易ではありませんが、せめてこれから事業を起こそうと考えている人が、補助金を眼中に入れずに取り組むことができれば、もっと大きな変化が生み出せるはずです。それは遠慮や我慢ではなく、何より事業を成功させる秘訣なのです。

私は各所でこんな話をするので、しばしば「補助金を当てにするな原理主義者」と呼ばれます。本人としてはたいへん名誉なことだと思っています。

過去に幾度となく補助金によって取り組みが頓挫《とんざ》した経験があり、今でも油断すればすぐに補助金の営業がくる分野にいる身だからこそ、自らを律する意味を込めて、どこでもこの話をしています。

鉄則③　「一蓮托生《いちれんたくしょう》」のパートナーを見つけよう

まずは二、三人の仲間で十分

まちで新たな取組みを始めるときに、どの程度の賛同者が集まると実行に移せると思いますか。

「地域の半数以上が賛成してくれたら」、もしくは「地域の重鎮がある程度理解を示してくれたら」など、答えは人それぞれだと思います。

ただし、多くの人は少数の賛同者よりも、多数の反対者に気持ちを揺さぶられ、反対者がいなくなることに労力を費やします。しかし、大切なのは、仲間と仕掛ける努力であり、反対者の撲滅ではありません。

私たちがプロジェクトを行うとき、まず大事にしているのは、その地域で一緒にやっていける、心から信頼出来るパートナーを見つけることです。どれだけ困難な立地であっても、どれだけ反対があったとしても、パートナーさえいれば、取り組みを始めることができます。というか、楽な条件で仕掛けられる地域というものは基本的にないので、重要なのは、環境選びよりもパートナー選びです。

鉄則①でも述べましたが、仲間は大人数である必要はありません。核となるメンバーは二～三人で十分です。私が取り組む地域では、大抵一人はもともと知り合いの不動産オーナーの場合が多いので、あともう一～二人、地域を回って声をかけ話をするなかで、共感出来る人を仲間に引き入れていくというパターンが多いです。

最近不動産オーナー以外で意気投合することが多いのは、業種で言えば飲食店オーナーの方々です。地元でいくつかの繁盛店を経営し、そのなかで地域衰退の問題や従来からの活性化事業への違和を感じている人は少なくありません。競争の激しい飲食業界で魅力的な店を経営しているということは、地元の市場がよく分かっているということです。誰が何を欲しているのか、経済規模に対してどのような事業を行い、手元資金でしっかり成果を収めることが出来るか、実感を持っています。

また、飲食店のようなサービス産業は地元経済と一体です。地元経済の縮小はすなわち、自分たちの成長余地を狭めることにもなるため、彼らにとって死活問題です。そのあたりを正確に理解し、行動し、ビジネスをしている各地の飲食店オーナーの存在はとても重要です。

その地域で生まれ育ったかどうかについては、愛着があることはもちろんいいことですが、絶対条件ではありません。まずは好奇心やバイタリティのある人が望ましい。東京や海外での生活を経験した後、家の事情で帰郷したUターン人材もいます。状況を客観視出来るだけに、「このままではまちが衰退するのではないか」と危機意識に目覚め、立ち上がる人もいます。

各地で様々な人が地域活性化に取り組んでいますが、重要だと思うのは、地方を逃げ道にするのではなく、そこで覚悟を決めて将来に向けた取り組みが出来ているかどうかです。やろうやろうと言いながら、自ら動かない人とは仕事ができません。「自分探しの旅」の感覚で地方に来ている人も同様です。どんな生き方をしても個人の自由ですが、その地域で何かを自分で仕掛けようということよりも、自分のことをあまりに優先する人は事業パートナーに向きません。

二、三人でよいので、あくまで地域と向き合い、自ら事業を仕掛けている人と取り組みを始めるのが、大変重要な第一歩です。

「血判状レベル」で結束出来るか

地域で何か新しいことを始めるとき、それが成功する保証はありません。世の中の人の大半は、成功しそうであれば支援するし、失敗しそうなら関わりたくないというのが正直なところだと思います。だからこそ、初期には、少数のチームの心理的な結びつき、信頼関係はとても重要になります。

一定の規模以上の組織や、既に軌道に乗った事業をもうワンステップ上に引き上げる段階なら、メンバーは相性よりも能力を優先して選択するほうがよいかもしれません。そのチームに不足している能力を補完することが優先されるでしょうし、既に成果を収めている組織であれば優秀な人材を得ることも可能でしょう。

しかし、物事をゼロから始める段階では、予想外の現実に直面してうまくいかないことが多々あります。試行錯誤を繰り返しつつ、当初の計画を軌道修正することも日常茶飯事です。何が正解か分からない世界だけに、とにかくチームとして柔軟性を持つことが最も大切なのです。

何より、そんな弱小チームに超絶優秀でバイタリティある人材を集めなくてはならない、なんていう条件を付けていたら、誰も出来なくなります。私を含めて、「どうなるかは分からないけれど、面白そうだからやってみよう！」というような奇特な人間が集まり、事業を仕掛けてみるしかないのです。

ところが、軌道修正が必要な場面で、信頼関係を築けていないメンバーがいると、方向性をめぐって意見が対立します。理屈以前の問題として、つい感情的になって余計なことを言ったり、自己主張して異議を唱えたりする。これでは、うまくいきません。チームは勢いを失ってしまいます。勢いだけが取り柄、と言ってもいいような初期段階で、みんなして妙なバランス感覚を尊重し始めたら、そもそも挑戦をする意味さえなくなってしまいます。

だからこそ、裏切らない仲間とだけやることが極めて重要です。これは、どんな社会でも同様でしょう。事業が軌道に乗ってから賛同してくれる人はたくさんいます。勝ち馬に乗りたがるのは人間の性《さが》です。それは仕方ない。しかし本当に必要なのは、成功以前の、試行錯誤の段階を共に乗り越えられる仲間です。精神的に追い込まれたときに、一緒に笑える人です。つらい時期に逃げ腰になったり、チームから距離を置こうとする人とは、とても信頼関係は築けません。そして、それでは成果が生み出せないのです。

ましてこの仕事は、全く不本意ながら周囲に〝敵〟をつくりやすい。初期段階であればなおさらです。得体の知れない取り組みが地域で立ち上がり、目立ってしまうと、不信の目で見られる。成果が出れば出たで、嫉妬されたり、うがった目で見られたりすることもあります。結果的にそれまで目立っていた人のお株を奪ってしまったりすれば、なおさら批判の的になります。

だからこそ、とても一人では仕掛けられません。うまくいく時も、そうでない時も、一蓮托生。信頼出来る仲間と励まし合い、方向性を確認し合うことが欠かせません。私たちはよく「血判状レベル」と称していますが、それほど結束しなければ、特にプロジェクト黎明《れいめい》期の厳しい状況は乗り越えられないのです。

また、人間関係を築くのには、時間をかければよいというものでもありません。いくら長時間話し合っても、打ち解けない人は打ち解けない。一方、少し話しただけで共鳴出来る人もいる。こういう人との出会いを大事にする。そして誰よりも自分が相手やそれぞれの地域を裏切らないこと。相手に求める前に自分からそうしなくてはなりません。

地域での軋轢《あつれき》は、時間が徐々に解決してくれます。継続は力なり。やり続けて成果を出し続ければ、周りも自然とそれを認めてくれるようになります。初期が一番苦しい時期ですが、だからこそ反対者を説き伏せるよりも、信頼出来る仲間と努力することが大切です。

鉄則④　「全員の合意」は必要ない

「合意」したから動くわけではない

まちづくりでは、時に地域の人の生活に大きな影響を及ぼすような巨大な開発をすることがあります。そこで、ひとたび開発プロジェクトが立ち上がると、行政が住民を集めて「説明会」や「ワークショップ」を開くことが定着しました。いわゆる「市民参加型まちづくり」です。

こういう場が目指しているのは、参加者全員の合意であったりします。そのために主催者は、ファシリテーションの技術を磨き、みんなの意見を効果的に引き出し、合意可能なポイントを探るようになります。その努力は立派なものですが、これから必要になってくる、民間ベースの小さな地域活性化事業では、そのような手法は役に立ちません。

確かに全員に合意され、歓迎されて事業を展開できれば、楽なうえに美しい。しかし、こういう事業は往々にして先に進みません。全員が合意したからといって、全員が行動に移すわけではないからです。よほどの篤志家《とくしか》でもない限り、誰のためか分からない最大公約数的な、毒にも薬にもならないような事業に私費を投じたり、われ先にと汗をかこうとは思わないはずです。みんなの計画は、自分の計画ではないからです。

私も以前、自治体が主催する「まちづくりワークショップ」の場に、講師として招かれることがよくありました。しかし最近は、出来るだけお断りしています。正直なところ、あまりに空しいからです。

この手のワークショップでよくある風景はこんな感じです。いくつかのグループに分かれた人たちがテーブルを囲み、大量のカラー付箋を活用して意見を出し合い、それをまとめて結果をプレゼンします。他のグループは、「素晴らしい」と絶賛します。もしくは「それはこうしたほうがいい」と修正提案をしたりします。さかんに意見が出て、盛り上がった勢いで飲みに行き、地域の未来について熱く語り合います。それは楽しいし、いいことです。しかし、それで終わりなのです。

後日、「あのプランはどうなりました?」と尋ねても、誰も覚えてすらいない。もちろん、実現の可能性もゼロ。要するに関係者が自己満足しているだけで、誰も真剣にまちづくりのことなど考えていないわけです。エンターテイメントとして面白いことは理解できますが、税金を使ってやることではありません。

序章で述べた学生社長時代の苦い経験もあり、私は、地域活性化事業に「全員の合意」は必要ないと思っています。そもそも市民参加型まちづくりでも、そこに参加した一部の住民が同意しているだけで、全ての住民が同意しているわけではありません。それは「見せかけの同意」にすぎず、合意した意見からして、誰も自分でやる気はない中で出た、無責任なものとも言えます。

地域で小さく自分で何かを始める時には、最初から大々的な説明会を計画する必要も、華麗なプレゼン術を身に付ける必要もありません。別にダム建設をするわけでも、区画整理をかけるわけでもないのですから。そこにムダなエネルギーを注ぐぐらいなら、まちに必要な事業を立ち上げ、新たな経済を回していく方法を考えたほうがよく、見切り発車的にでも実践して結果を出したほうが有益だと思うのです。

世の中のあらゆる民間事業を見わたしても、あらかじめ全員の意見を統合して成功したものがあったでしょうか。まちで繁盛する小さなショップであれ、ホンダであれ、アップルであれ、「やりたい」と思い立った人が数人で起業して今日に至っているわけです。

多くの実効性のあるまちづくりプロジェクトも同様です。いちいち地域の住民にお伺いを立て、同意してもらうことばかりを優先して成功するという話は、聞いたことがありません。

決断するのは事業者自身

もちろん、だからといって傍若無人《ぼうじゃくぶじん》に振る舞っていいということではありません。自分たちが何をやろうとしているのか、進捗《しんちょく》状況はどうなっているのかについては、出来るだけ公開し、透明性を担保すればよいと思います。私たちも出来る限り、各地のまち会社の年次報告書をつくったり、参加自由の説明会を開いたりもしています。住民から意見があれば、真摯《しんし》に受け止めます。

ただ、「最終的な意思決定を誰がするか」、というポイントを曖昧にしてはダメです。どんな意見が寄せられようと、それを採用するか否かは事業責任を負っている人たちだけで判断すべきです。事業である以上、何が有益かを判断するのは、リスクを負っている人たちにしか出来ません。世の中には様々な意見がありますが、責任をとれる人が判断しなくてはめちゃくちゃになってしまいます。

私たちの場合も、自分なりに論理を考え、新しい事業モデルを日々、ひねり出しています。うまくいったり、失敗したりを繰り返しながら改善し、どうにかこうにか継続させています。答えはそのプロセスにこそあるのです。責任者である事業者自身が、誰にも分からないことを、試行錯誤して導き出す努力をしなくてはならないのです。だからこそ、自分で考えず住民に回答を求めるのは、むしろ無責任であると私は思っています。「みなさんがそう言ったのだから、失敗しても仕方ないでしょ」という逃げ道を用意しているだけのように見えるからです。

私たちが展開しているのは、大それた事業ではありません。仮に大失敗したとしても、私たちや不動産オーナーなど、投資した一部の人間が出資した資金を失うだけで、地域が沈没するようなことはありません。一方で成果を生み出し、連鎖させていけば、地域に相応のお金が回ります。つまり多くの住民にとって、小さな挑戦は実害があるわけでも、税金の負担がのしかかるわけでもない。そういうメリットもあります。

賛同者を「馬車」に乗せてはいけない

私たちも、主に不動産オーナーを対象にして説明会やミーティングを開くことがありますが、それはみんなの合意を得る場というより、賛同者を募る場と位置づけています。要するに「この指とまれ」方式です。その後、ある程度の結果を残せば、賛同者は徐々に増えていく。それでよいのです。

ただし、ここにもちょっとした〝落とし穴〟があります。何でも言いなりに動く人は要注意です。賛同者として必要なのは、自分で考えて自分で責任をとれる人。賛同者は「馬車」に乗る客ではなく、一緒に「リヤカー」を引く同志なのです。

「言われたとおりにやります」とか、「教えてください」という姿勢ではうまくいかない。「私はこれをやりますので、あなたはこれをお願いします」といった具合にフェアにやれる同志でなければなりません。成功しても、失敗しても自分たちの責任。誰かに従属的に考える人は、失敗した時に必ず他人の責任を問うようになります。

私もプロジェクトを始める際には、必ず最初にこの話をします。「私にお任せください」などとはけっして言いません。むしろ、「私に出来ることはこれとこれです」「やるならやるで、リスクを背負う覚悟が必要です」「無理やりやりましょうとは言いません」「やるからには私も全力で成果を生み出します」と厳しめに接するのが常です。

私がその地域で投資もして事業を立ち上げる覚悟と、同じだけの覚悟を相手にも持っていただかなくてはなりません。時折、木下に言えばどうにかなる、という勘違いをされる方もいますが、あいにく、私はそんな魔法使いのような力は持ち合わせていません。そういう考えのまま物事を進めてしまうと、結局のところ互いに不幸になってしまいます。

他力本願的なマインドセットを変えていただくため、私たちは「まちを変える10の覚悟」というものを作成しています。巻末に付録として掲載しておきますが、要するに「役所や第三者に頼るのではなく、自分たちのまちは自分たちの力でよくしよう」という、ごく当たり前のことを訴えているだけです。そんなことは私が言うまでもなく、自認されている方も多くいると思います。ただ、改めて言葉にして共有することはとても大切であると思っています。

まちづくりでは人が大切、という言葉をよく聞きます。もちろん、そこに暮らす住民への配慮も大切ですが、私の場合は何よりも互いに信頼し、裏切らない仲間こそ大切であると思っています。

鉄則⑤　「先回り営業」で確実に回収

まちの未来に必要なテナントを探し出せ

事業の立ち上げで失敗しないコツの一つは、全てにおいて「営業」を優先することです。

空き店舗の改装工事を先にやって、その工事費を元に家賃を勝手に決め、テナントを募集するというパターンは最悪です。そんなことをしたら、魅力的なテナントは集められません。高い家賃になってしまうからです。

そうではなく、先にテリント営業を行い、テナントが決まった段階で、その事業形態や払える家賃から逆算して改装予算を割り出すのがよい方法です。これならば、自分たちが選ぶ、これからのまちに必要な店に来てもらえます。順序を一つ間違えるだけで、天国と地獄の分かれ道になります。

営業優先で安定的に利益を出している典型的な事例が、愛知県春日井市のJR勝川駅前の商店街にある「TANEYA」というリノベーション型シェア店舗です。かつては文字どおり作物の種と苗を売っていた木造二階建ての小さな店舗兼住居でしたが、住んでいたご夫婦も亡くなり、空き家になっていました。相続された息子さんご夫婦はそこをどうしようかと悩まれていたのです。

ご夫婦は、地元商店街の不動産オーナーが中心となって設立した「勝川商業開発」という会社に物件活用について相談しました。同社は商店街エリアの不動産投資と有効活用を目指す会社で、同社社長の水野隆さんはかつての「商店街ネットワーク」の時代からお世話になっている仲間の一人でした。

水野さんは、私が二〇一〇年から既存建築を活用した事業に取り組み始め、北九州市小倉地区のリノベーションまちづくりの推進や、札幌市大通地区のコワーキングスペース「ドリノキ」の立ち上げを地元のまち会社と一緒にやってきたことを知っていました。さらにそれらの取り組みや方法論を整理した共著『まちづくりデッドライン』という本も読んでくださっており、補助金に頼らない新たな開発モデルについて地元でも推進していきたい、という趣旨の連絡をくださったのです。

ちなみに水野さんは還暦をやや過ぎた年齢ですが、勝川商業開発では最年少。他のメンバーは軒並み七〇～八〇歳代で、名も実もある意気軒昂《けんこう》な地元の不動産オーナーであり、投資家集団です。私から見ると、彼らは『スター・ウォーズ』に出てくるヨーダのように、知恵と財力を持つおそるべき長老たちです。こういう人たちが地域に投資するという図は、なかなか面白いと思います。水野さんは還暦を過ぎても下っ端扱いをされつつ、私からは次々に新しい提案ばかりされ、なかなか大変な立場でしたが、文句一つ言わずに取り組んでくださいました。

さて、水野さんや物件のオーナーであるご夫婦と話し合ったところ、商店街に活気がないので、出来るだけ若い人が集まるような場所にしたいという話になりました。特に本格的なカフェを軸とする飲食系と、子どもや若い人が集まる教室系、利益率の比較的高い製造小売系がいいだろうという話になりました。リノベーションのポイントは、世代交代と、従来の商店街が定番としていたような薄利多売型の商売からの高粗利体質の業種業態への転換です。それをぜひやろうと盛り上がりました。

そのイメージに合う地元のショップ等をチームで分担して訪ね歩いた結果、出てきた候補者は実に一三人。そこから最終的に五人に絞り込み、決定。スターティングメンバーは一階はカフェ、二階は子ども向けの英会話教室とヨガ教室、それにハンコの製造販売店（二名）となりました。

次は家賃金額と改装の相談です。高い家賃を支払えるなら、手の込んだ改装も可能になります。しかし、もともと建物の手入れは行き届いていたし、各店ともせっかくの木造家屋の風味を極力活かしたい、家賃も低く抑えたいということで、改装費用はわずか二〇〇万円弱となりました。このような無理難題に対応してくれたのは、他でも本プロジェクトで多大なる貢献をしてくださった地元工務店の河合忠さんでした。手を入れるところと、いらないところを仕分けつつ、全体のトーンについては小倉のリノベーションまちづくりでご一緒している建築家の嶋田洋平さんに監修をお願いしました。

まずテナントを決め、家賃収入から算出した金額をオーナーへの支払いにあて、残りで投資を回収するわけです。結局、一年半で回収出来る計画となり、今のところ予定どおり進捗しています。単純計算で利回り五〇%といったところです。既存建築を活用し、逆算して活用すれば、補助金なしでちゃんと稼ぐことが出来るのです。

再投資のサイクルを生み出そう

今、勝川商業開発はＴＡＮＥＹＡの稼ぎに甘んじることなく、利益を再投資に回し、さらなる周辺のリノベーション、新規開発プロジェクトに乗り出しています。

小さな事業でも、しっかりとプロジェクト全体として利益を生み出していくこと。また単にプロジェクトが儲かればいいのではなく、小さくてもまちに変化を生み出すこと。関わった人の事業にとって実利があることが大切です。

TANEYAで最も驚いたのは、もともと営業力に期待が持てるテナントを選んだとはいえ、みなさんが予想以上の稼ぎをあげていることでした。例えば一階の「カフェ百時」のオーナーさんは、実店舗の運営に加えて、週末には近くのマーケットで自作チーズケーキを販売し、複合業態で利益をあげています。また、二階の子ども向け英会話教室「のらっこアセット英会話」では、一気に生徒さんが四〇人を越え、地域におけるニーズの高さを実感しました。

何より、従来、勝川の商店街を訪れていなかったお客さんを呼び込み、満足させている。店主たちが若いだけに、商店街に若い人を呼び込むきっかけにもなっています。

これだけ地域に貢献していながら、公的資金投入はゼロ。民間の、それもごく少数のチームでも、こうした一歩は踏み出せるのです。その要になったのが補助金ではなく、先回り営業であるという事実は、特筆すべき点だと思います。

この基本モデルは、どんな地域でも応用可能です。空き店舗を埋めたいと思うなら、単に「テナント募集」の看板を立てるだけではなく、建物に手を入れる前にオーナーやまち会社のメンバーで営業して入居者を先に集めるべきです。それも、誰でもいいわけではなく、そのまちに将来的に必要になりそうな、新たな業種業態に絞ります。そのうえで、家賃を含めて相手の要望を聞き、無理のない範囲で改装してスペースを提供する。

たとえてみれば、自分たちがつくった靴に合う人を探すのではなく、ぜひとも履いてほしい人を探し、その人の足のかたちに合わせて靴をつくる。それがまちを変えていくリノベーションプロジェクトの基本です。

もちろん、オーナー側にとってもメリットは大きいでしょう。空いたまま一円も生み出せなかった物件が、利益をもたらすようになるわけですし、さらに地域に新たな息吹をもたらす場所になる可能性もある。前向きに捉えてくださるはずです。また、民間資金だけのプロジェクトですから、自分たちのスケジュールで動かせるのでスピードも速い。それが民間主導のよいところです。

先回り営業をすれば、大間違いはしません。大きな成功は小さな成功の先にしかありません。まずは営業を全てに優先し、小さなプロジェクトでしっかり稼ぎ出し、まちに変化を生み出せば、次なるステップが見えてくるはずです。

鉄則⑥　「利益率」にとことんこだわれ

経費を削減して利益を伸ばす

二〇一二年、兵庫県の日本海側にある城崎温泉で、地元の旅館・ホテルの若手経営者の方たちが「湯のまち城崎」というまちづくり会社を設立しました。AIAの理事である古田篤司《あつし》さんも取締役として参画しているのですが、彼らがまず手がけたのは、各旅館・ホテルのエレベーターやリフトのメンテナンスの共同契約です。第一章では「熊本城東マネジメント」によるゴミ処理の共同契約について述べましたが、いわばそのエレベーターとリフト版です。

これまで、各旅館は設置しているエレベーターのメーカーの系列管理会社とそれぞれ個別に契約を結んでいました。しかしメーカーとは関係のない、独立系の管理会社もありますす。そこで数社に見積もりをお願いしたところ、熊本の時と同様、ずいぶん価格にバラつきがあることが分かりました。

それならばと、数十軒の旅館が束になり、比較的安くてしっかりメンテナンスしてくれそうな管理会社と一括で契約しました。これによって管理費のコストダウンを図ったのです。

この事業で、一年目から合計で約四〇〇万円の経費を削減することができました。そして熊本のケースと同様、その一部をまちへの投資に使い、城崎温泉での新たな誘客企画などにつなげています。

観光誘致キャンペーンは、全国各地の温泉もそれぞれ工夫を凝らして行っています。だから城崎温泉だけ奏功するとは限りません。場合によっては、思ったほど効果があがらない可能性もある。それを各旅館の持ち出しで行っていたとすれば、丸損になるわけです。

しかし経費を圧縮した部分での投資で行えば、経営上の収支には影響しません。逆に奏功してお客さんが増えたとすれば、経費を圧縮できたうえに売上まで増えることになる。つまり利幅が大きく膨らむわけです。まちを一つの会社として見立てた場合、コスト削減は最も着実な方法です。

ちなみにこれらの事業を一気に実現できたのは、現地の老舗旅館「西村屋」のご主人などが旗振り役を務めてくださったからでもありました。古田さん、西村さんをはじめ覚悟を決めた小さなチームが、まちに変化を与え始めている取り組みの一つです。

まち全体の利益率を高める

私たちがこだわっているのは、「まちとしての生産性を上げること」。言い換えるなら、まち全体を一つの会社に見立てた時に、その利益率を高めることです。少ない資源でより多くの利益が生み出されるようにし、その利益をより効率的なものに再投資していく。

それには、大きく言って二つの方法があります。一つは無用な経費を改善するファシリティ・マネジメント型。熊本、城崎などがこれに当たります。もう一つが設備投資をしてより効率的に業務が出来るようにすることです。TANEYAはこの典型的な事例です。民間の会社では当たり前の考え方ですが、地域活性化の観点ではあまり意識されていないように思います。

どちらかと言うと資金不足の地域でも始めやすく、比較的容易に利益率を改善出来るのはファシリティ・マネジメント型の取り組みです。先に紹介したTANEYAなどのリノベーションプロジェクトは設備投資型ですが、いくら先回り営業をしても、どうしても多少は投資リスクを負わなくてはなりません。それに対して経費の改善は初期投資もほぼ不要です。同じようなエリア・ファシリティ・マネジメント事業は、熊本、城崎以外にも、アライアンス・パートナーである「札幌大通まちづくり株式会社」、盛岡のまちづくり会社「肴町365」など各地で実施しています。都市やエリアの大小を問わない、どこでも普遍的に取り組むことが出来る事業スキームの一つと言えます。

設備投資型も、規模より利益率

補助金を使った中心市街地活性化事業の大いなる誤りの一つに、ムダに大規模な設備投資をするパターンがあります。まちの中心に大型の商業施設を税金で支援してつくる、などが典型です。豪華さを売りにして、大々的に宣伝すれば、最初は相応に売上も立つかもしれません。しかし、そのために莫大な建設費がかかり、施設の維持経費が高くなれば、当然ながら利益は圧縮されます。場合によっては赤字になります。その挙げ句に閉鎖・撤退でもする事態になれば、税金がムダになり、地域に及ぼす負のインパクトは計り知れません。これでは、いくら規模を追い求めた投資をしても全く意味がないわけです。

重要なのは売上ではなく、利益です。そして、売上規模ではなく、利益率です。地域に必要な投資は、しっかり利益を生み出せる投資であり、万が一のことがあっても致命傷にならない投資です。

そういった意味で、売上規模はショッピングセンターに遠く及ばなくても、商店街全体で経費削減に努め、小規模な設備投資でスペースの付加価値を高めて利益を確保するほうが地域にはプラスです。

従来、各所で行われてきた「地域活性化」の事業は、まず目標自体が「活性化」という曖昧な表現であることから分かるように、実効性はほとんどありません。せいぜいイベントを開いて「何人集まった」「いくら売れた」と一喜一憂するだけ。結局は、「いかに収入を増やすか」という売上至上主義の考え方に固執しています。しかしながら、縮小する社会において「量」を追い求めても無理があります。

結局、利益としていくら残ったかといえば、実はたいへんな赤字だったりする。最終的に赤字になるような取り組みでいくら人を呼び寄せたところで、それを「活性化」とは呼べません。

ここに足りないのは、事業の粗利を意識し、コストを適切に絞り、利益にフォーカスしようという概念です。そしてそのプロセスを常に点検しながら回していく。「地域への投資」が事業の前提である以上、決定的に大事なのはその利益率です。企業経営では当たり前の話ですが、まちづくりでも同じように考えなければならないのです。例えばトヨタ自動車がなぜ「改善」をし続けるのか、まちづくりにおいても、よく考える必要があります。

まずは、出て行くお金に目を向けること。例えば不動産には維持管理費その他いろいろ発生しますが、どういう契約で支払っているのか、オーナーが意外に無頓着であることが少なくありません。成長期には売上がどんどん上がっていたので、その時代の経営者には、経費の細かなことに注意を払う習慣があまり根付いていない人が目立ちます。そのため、いまだにおじいちゃんの代に契約したかなり割高な内容で高い管理費を業者に払い続けている人もいたりします。そうしたところから見直していかないと、利益率は改善しません。

営業利益率が五％の会社なら、経費を一〇〇万円削減できれば、二〇〇〇万円の売上に匹敵する利益につながります。売上を一気に二〇〇〇万円増加させることは難しくても、注意を払ってこなかった経費を見直して、一〇〇万円削減し、利益を確保することなら出来るのです。

もし削減したうえでさらに売上が増加するように、業態を変えたり、成長事業に投資出来れば、経費が圧縮されている分、利益はより大きくなります。つまり売上より先に利益に目を移せば、売上減少のなかでも次につながる一手が考えられるというわけです。

高粗利業態を集積する

一軒単位の店で考えた場合でも、利益率は極めて重要です。前述の「ＴＡＮＥＹＡ」でテナントを探していたとき、私たちは従来型の小売業を営んでいるお店を意図的にターゲットから除外しました。

卸問屋から商品を仕入れて店頭に並べるという業態の場合、どうしても利益率は低くなります。粗利でざっと二〇～三〇％といったところです。もちろん、そういう店を否定しているわけではありません。しかし、今後の地域商業として必要なのは、製造小売やサービス分野の業態です。物件が小規模ならなおさら、小さな面積でも高粗利業態に絞り込む必要があります。生産性の低い中小零細商業から、生産性の高い中小零細商業への転換です。

その前提で選んだ結果が、カフェであり、英会話教室とヨガ教室だったのです。いずれにも共通しているのは、モノやコンテンツを自らつくって売っていること、つまり「製造小売型」であるということです。それぞれの売上は小さくても、粗利は五〇％以上になるものです。低売上でも、付加価値をつけることで高粗利になることが大切なのです。規模ではなく、利益率。少ない資源でしっかり利益を残していくものを集積していくことこそ、今後の地域商業に求められている転換です。

こういう店が集積することで、まち全体の構造変革が進んでいきます。利益率の高い店同志が多数集まれば、エリア全体の利益率が改善していきます。それに、小規模な店舗の集積であれば、仮にいくつかの店が抜けたとしても、大勢に影響はありません。また新たな店の参入を促せばよいだけです。

利益が地域での消費に回ったり、まちづくり事業への投資に使われたりすれば、まち全体としても経営が安定します。小さいからといって弱いわけではありません。重要なのは売上規模でなく、利益率なのです。

鉄則⑦　「稼ぎ」を流出させるな

なぜ全国チェーン店ではダメなのか

勝川の例のように、私たちは建物のオーナーと組んでテナントを探すことがよくあります。その時、全国チェーンのコンビニやコーヒーショップ等も除外します。地域を活性化するうえでは、事業と金融という二つの側面で考える必要があるからです。

事業の面だけを考えるなら、利益さえあげればどんな店が入っても構いません。地域の利便性が高まるなら、それに越したことはないでしょう。不動産オーナーとしても多額の家賃をきちんと支払ってもらえるならば、文句はない。しかし地域全体を見据えた金融面、つまりお金がどう流れるかを考えると、そうはいきません。

例えば地域にチェーンのコーヒーショップが開店したとします。その利益は地域からよその本社に行くため、地域経済にとっては持ち出しになります。あるいはチェーンのショッピングセンターが出来た場合も同様です。そこに並ぶ商品のほんどは地元で生産されておらず、スタッフはパートタイマーばかりで、営業利益は地域外に流出していきます。

さらに着目すべきは投資利回りです。例えば、店舗をつくるために一〇〇〇万円を投資して、毎年一〇%、つまり一〇〇万円のリターンがあったとします。事業なのでそれを何らかの再投資に回すと、利益は複利で増えていくことになる。順調に運用すれば、二年目は一二一〇万円、三年目は一三三一万円……と、二次関数的に拡大するわけです。

しかし原資の一〇〇〇万円が外部からの資金だと、地元経済はその恩恵にあずかることができません。コーヒー・チェーンやショッピングセンターがいくら儲けようと、ずっと持ち出しの状態が続きます。つまり金融面でのメリットは、せいぜい地元で数人の従業員が雇用されることぐらいです。

その点、原資が地元の資本なら、誰かの消費が同じ地域の誰かの利益になります。それが地域での新たな事業への再投資に向かえば、利益は地域内で循環しながら複利で膨らむわけです。これは、地域経済を豊かにするうえで大変重要なポイントです。

資金は域内で調達

全国チェーン店に限らず、地元外から投資してもらって起業するときにも、その意味をよく考えてみる必要があると思います。

例えばレストランを開こうと考えたとき、腕利きのシェフを地元外から招いて地域に住んでもらうことは、大いに結構です。空き店舗を改装して好みの店に仕上げる時も、地元の業者と一緒にやれば、資金は域内で循環していきます。

しかし、その資金を全て地元外から調達したとしたら、地元経済にとってのメリットは急減します。リスクを地元外の事業者に負ってもらって、手数料だけもらうパターンも同様です。楽は出来ますが、まち会社としての事業の本質からは離れ、金融面でのメリットはなくなります。地元の消費が外部に流出するばかりではなく、その資金が店に再投資されて順調にリターンを稼いだとすれば、その分だけますます地元からの流出が増えることになるからです。地元の消費がどんどん食われていくのです。見逃されがちですが、この構図が地元経済に与えるインパクトはかなり甚大なのです。

もちろん、全国チェーン店や地元外資本のレストランを全て排除せよという話ではありません。どんな資本であろうが、寂《さび》れたまちにとって、出店は歓迎すべきことでしょう。

しかし、大事なのは、そういう店に対抗出来るような店を地元資本でもつくること。そこに健全な競争が起きれば、地元経済にもプラスに働きます。

不動産オーナーとしては、まだ有名チェーン店に貸し出したいという方もいると思いますが、チェーン店に貸しただければ一階はそうして、その代わりに二階三階は、このような小さな業態の集積に転換すればよいと思います。

もっとも、最近は全国チェーンも地元外資本も地方出店には慎重になっています。もとより縁もゆかりもなく、ましてや人が減り続けるような地域に投資するのはリスキーだからです。いまや世界的に有名な投資家でも、日本株に投資する前に来日し、投資先候補の製品を買って試したり、不動産を見て回ったりしているほど慎重です。今後はますます、外に頼らず、地域内で事業を興すことが求められていくでしょう。

生協・信組のルーツを見直そう

実際、最近は、全国チェーンのスーパーが撤退して困っている地域をよく見かけます。その不便さを補うために、住民の方が自分たちでお金を出し合ってミニスーパーのような店を展開しているところもあります。一見すると苦肉の策のようにも思えますが、ここまで述べてきた観点でいえば、実はこのほうが地域経済にとってプラスです。経営をちゃんと回すことが出来ているのであれば、地元の消費で生まれる付加価値が、地元に留保されるかたちになるからです。

ただ、なかには補助金欲しさにやっているとしか思えないような取り組みもあり、そのあたりは見極めなくてはなりません。

サービスを使う人たちが自分たちで資金を出し合いサプライチェーン全体を運営することは、一九七〇年代から、消費者運動の一環として、生活協同組合のようなかたちで行われてきました。もともとは、賛同者がお金を出し合い、生産者に必要なものを製造してもらったり、自分たちで買い支えして供給を安定させたりしてきたのです。

信用金庫や信用組合など地元密着型の金融機関も、もともとは地域内の事業者たちが互いの資金融通のために設立したものがルーツだったりします。

残念ながら、現在ある全ての生協や信用金庫・信用組合が、本来の存在意義を全うしているかと言えば、そうは言いがたい状況になっています。しかし、組合事業の起源を見ていくと、そこに地域活性化事業の参考になるものも多々あるような気がします。今こそ、組合の仕組みを見直すべきなのかもしれません。

鉄則⑧ 「撤退ライン」は最初に決めておけ

事業は三ヶ月ごとに点検

店を開くにしろ何かのプロジェクトを行うにしろ、予想外に稼げなかったり、一時的に赤字が発生することはよくあります。

そこで重要なのは、「いつか好転する」と夢見てダラダラ続けることではなく、さっさと改善方法を考えたり、時には見切りをつけることです。利益が出ないのは、方向性を間違えているか、商売の実力が伴っていないかのどちらかでしょう。貴重な時間とお金をムダにしないためにも、早く判断したほうがいいわけです。

私は、だいたい三ヶ月をひと区切りと考えて、何らかの結論を出すべきだと思っています。小さな投資案件でも、長くても二～三年で全額回収できなければダメ、基本的には、初年度から黒字にならなければダメです。

このせっかちかつ慎重ぶりはしばしば周囲から驚かれますが、最初ほど肝心なのです。最初にしっかり成果を生み出せなければ、少しずつ規模を拡大することが出来なくなってしまいます。小さいことから始めるというのは、小さいことに甘んじるのではなく、数百万の投資を早期に回収し、次は数千万、次は数億と少しずつスケールを大きくしていくステップのスタートなのです。だからこそ初期は慎重に、かつ失敗はすぐに反省し、再チャレンジにつなげなくてはならないと思っています。

確かに、撤退を決断するのは勇気が必要です。周囲から「あいつはデキない」と見なされますし、「それ見たことか」とあげつらう人も現れます。しかし、ダラダラと赤字を垂れ流して地域に迷惑をかけるよりはマシです。一度でも本気で取り組んでいたのなら、チャレンジする姿を見てくれている人は必ずいて、信頼出来る仲間はまた一緒に再挑戦してくれます。そこで成果をあげれば、また見直されます。逃げ道ばかり探すようなことさえしなければ、早期撤退は長い目で見れば必ずプラスになります。そのためにも「小さく始める」選択をしているのですから。撤退する時には、ためらわないことが大切です。

撤退のルールを設定しておく

事業を始めるときに重要なのは、撤退の基準をあらかじめ仲間内で確認しておくこと。いざその時になって「退く」「退かない」で議論していては、決断そのものが遅くなってしまいます。

悩ましいのは、中途半端に成功している時です。特に「大失敗」までは至らず、当初の予想には届かないものの、若干の小銭を稼げたりする場合です。往々にして、小銭に目がくらんで「ひとまず続けておくか」という判断をしがちです。

こういうときは危険です。やがて小銭に慣れ、それを守ることに汲々《きゅうきゅう》とすることになりかねません。幾度となく私もそのような状況に直面してきましたし、今でも微妙な黒字事業を断念するのは最も難しい経営判断の一つです。だからこそ、最初に一定の基準を決めておくことが大切だと思っています。

たいしてうまくいかない事業をいつまでもやるくらいであれば、早めにきっぱりやめて、出来た余剰時間を、より地域に必要な別のことに使うべきです。

稼ぎが予想より少ないということは、やはり何かを間違えているということです。広がらないということは、やはり何か自分たちにミスがあるということです。いくら自分が「これからは絶対儲かるはず」と思っても、また仮に周囲にいる数人が「必要」としてくれても、利益があがらない、成長が止まっているというのは、その他大勢が「不要」と言っているのと同じことです。そこは謙虚に受け止めるべきだと思います。

建物全体を改装するような投資プロジェクトの場合には、さすがに三ヶ月というわけにはいきません。それでも、できれば二年、長くてもせいぜい四年以内に初期投資分を回収することを目処にすべきでしょう。また新しく建物を建てる場合でも、回収は一〇年以内と考えたほうがいい。それより先まで見込んでも、世の中も自分もどう変わっているのか分からないからです。自分の未来も分からないのに、そこまでやらないと投資回収出来ないというのは、無責任です。

禁断の「一発逆転の大勝負」

見方を変えれば、早めに見切ることは「下手な鉄砲数撃ちゃ当たる」ということでもあります。

小さな成果も残さぬまま、巨大プロジェクトによって一発逆転の大勝負とばかりに壮大な計画を立て、大規模投資に挑んだりするのは、撤退困難という意味でも絶対に避けるべきです。計画から実行までに数年から十数年、さらに投資回収するのに数十年。このようなプロジェクトでは失敗は許されません。ましてや撤退なんて怖くて誰も言い出せない。戦艦大和の建造よろしく、出来た頃には無用の長物と化している場合もあり得ます。

数年から数十年に一度というスパンの取り組みは、縮小局面にある今は、手を出すべきではありません。かつてのように数十年も成長が見通せていた時代ではよかったかもしれませんが、今は全く違います。

だから三ヶ月に一度見直して、再スタートをきれるような取り組みから始めるべきなのです。ダメでもすぐに撤退すれば、累積赤字も小さく済む。傷が浅いので、いったん撤退した後で別のアプローチをする体力も残っています。単純に考えれば、三ヶ月に一度何かに挑戦すると思えば、一年間に四回もチャレンジ出来るわけです。

精神的にも、このほうが前向きになれます。一年に一度しかバットを振るチャンスがないとすれば、ガチガチに緊張するのが当たり前です。その挙げ句、妙なボールに手を出してどっと疲れてしまう。しかし四度振れるとすれば、「一本ぐらいはヒットを打てるだろう」と思えるようになります。仮に全敗したとしても「また次がある」と思える。

また、複数のプロジェクトがある場合、同時並行的に進めるより、期間を分けて直列的に始めたほうがいいと思っています。一定期間は一つのプロジェクトに集中するのが、いい仕事をする秘訣です。そのうえで、三ヶ月経ったら総括し、継続するなり、次のプロジェクトに移るなり決めればいいのです。

ちなみにこれは、ベンチャー企業でも、トヨタのような自動車生産現場でもよく指摘されることです。計画書を綿密に練り上げ、満を持してプロジェクトを立ち上げたりすると、絶対に失敗できないというプレッシャーでかえって縮こまってしまいがちです。最初はシンプルに考えて短期間で立ち上げ、常に改善を繰り返していくことによって、正解に近づいていく。それでもダメならば、さっさと引き上げて次を考える。結果的に、このほうがうまくいきやすいのです。

この時、仮にやめると決めたとしても、全面的に撤退する必要はありません。何よりも過度に落ち込む必要もありません。うまくいかなかった理由はいろいろあるでしょうが、いったんは、「とりあえず脇に置いておく」ぐらいの感じでいいと思います。

冷静に向き合える段階になってから、もろもろを一度整理してみると、渦中には気付かなかった教訓がたくさん得られたりします。

この本で私が書いている過去の話のほとんどは、そんなものばかりです。その時は頭に血がのぼっていましたが、一〇年も経過すると落ち着いて整理することが出来るようになります。

漬物と同様、しばらく寝かしておくと、そのうちいい味になって売り出せるかもしれません。あるいは漬けたことさえ忘れられ、そのままフェイドアウトしていくこともあり得ますが、別にそれでも構いません。それくらいのものです。

鉄則⑨　最初から専従者を雇うな

ほとんどの仕事は「兼業スタッフ」で回せる

ある地域でプロジェクトを行うとき、私たちは現地に事業会社を設立することがよくあります。まちそのものを事業体と見なし、お金の出入りを明確にすると共に、〝社員〟に責任感を持たせるためです。

ただし、いずれの会社も、スタート時に専従の社員は一人もいません。私たちの他には、不動産オーナーや商店主をはじめ、大学の先生、会社員や公務員（出資のみ）などそれぞれ本業を持っている人ばかりです。その本業プラスアルファの部分で、業務委託などのかたちで業務を分担し、事業を立ち上げていきます。

これには、私なりの考えがあります。

初期段階では、「雇われている」という立場の人は業務的に全く必要がないのです。全員が〝役員〟としての主体的な意識を持って動くからこそ、事業会社が立ち上がります。

実際問題として、まち会社の場合、特定の誰かが、年間を通じてフルタイムで行うべき業務はありません。一方、参加者が共同で副業的に出来る事業は山ほどあります。人脈が広い人は営業を自分の本業と組み合わせて行ったり、地元の信用が厚い人に電話を一本かけてもらうことでプロジェクトが進めやすくなったり、地道な作業が得意な人は様々な書類を隙間時間で作成したり、といった具合です。

だいたい専従者一人を雇おうと思えば、それなりにお金がかかります。仮に諸経費含めて年間六〇〇万円とすると、その仕事を三分割してメンバー三人に業務委託し、各二〇〇万円ずつ払ったほうが業務パフォーマンスは格段に高い。あるいは六分割して各一〇〇万円でも、一二分割して各五〇万円でもいいでしょう。

もっとも、事業会社の利益は、人件費ではなく出来るだけ再投資に回したいのが本音です。重要なのは、改装した店舗で働く人が増加したり、シェアオフィスを活用してビジネスをする人が増加することです。まち会社で非効率な雇用をつくって人を雇ったところで、それは望ましい雇用創出ではありません。まち会社が仕掛けた事業の先に雇用が生まれることが重要です。

本業プラスアルファの仕事なので、時間的な制約はありますが、制約があるからこそ効率的に取り組もうということにもなります。インターネットのサービスを効果的に活用したりして情報共有を行い、テレビ会議で打ち合わせを短時間で行います。下手に専従者を入れると、その人に何でもかんでも業務を任せてしまい、その人がいなくなると回らなくなるという弊害も出てきます。

要は、「本業プラスアルファでの適切な業務分担」がスタートアップ時点では生産的であると思っているのです。実際に、税金で専従者を雇っているまちづくり会社は多数ありますが、兼業の人たちよりパフォーマンスが高いとは一概に言えません。重要なのは専従か兼業かではなく、その時の業務の内容に沿って、適材適所で分担出来る方法を選択し、効率的に仕事を進めるということです。

「働き方」を見直そう

私がこういう方法を指向しているのは、かつての早稲田商店会で学んだ影響です。序章で述べたとおり、商店会に専従者はいませんでした。その代わり、ＩＴを駆使して、いろいろな立場の人が様々な場面で議論しながらプロジェクトを進めていくのが、既に一九九〇年代当時から当たり前でした。だから大きな事務所も、専従の事務員も必要なかった。いちいち会って書類をやりとりしたりせず、基本的にオンラインで完結したのです。

今なら、誰でももっと速くて便利で大容量のネットワーク・サービスが使えます。その意味では、ますます事務的なコストを削減出来る世の中になっているわけです。それを使わない手はないでしょう。便利になったぶん、企画立案などに時間を割いたほうが、よほど生産的かつ効率的です。

実際、私の知る限り、まちづくりに先進的に取り組んでいる人ほど効率化に貪欲《どんよく》です。ネットを含めて使えるものは何でも使うし、新しいライフスタイルもどんどん取り入れている。これは、どんな業界の人にも当てはまるかもしれません。

だからこそ、本業を持ちながらでもまちづくりに携わることが出来る、とも言えるでしょう。商店主でも会社員でも、それぞれ自分の都合のいい時間にネットをのぞき、必要な資料を引き出すことが出来る。ミーティングが必要なら、時間を合わせてオンライン会議をすればいい。何の不都合もありません。地域で活躍している優秀な人の一時間のほうが、だらだらと業務をやる人の八時間より貴重です。

やや大げさに言えば、これはまちづくりに限らず、日本人の働き方に大きな〝揺り戻し〟をもたらす変化かもしれません。かつて江戸時代、町民のなかには「町役人」と呼ばれる人が多くいて、行政の仕事の一部を担っていたそうです。ただしフルタイムの仕事ではなく、本業を別に持ちながら、当たり前のように二足の草鞋《わらじ》を履いていたわけです。

ところが戦後、高度経済成長期になると、分業化が進み、仕事を一つに絞ってフルタイムで働き続ける、という考え方が定着。しかし、そうではないやり方が有効な分野も出てきていますし、何よりITを活用すれば、それ以外の仕事の進め方も十分可能になっています。

一つのことに打ち込むことも大切ですが、時間を効果的に活用し、いくつかの仕事で成果をあげるという、いい意味の「片手間」の働き方をする人が増えると、地域活性化ももっと進むし、社会の公共性も上がっていくように思います。

一人の人が一週間フルタイムで働くとしても四〇時間。五人の人が片手間で一日二時間ずつ時間を使ってくれるだけでも、五〇時間を費やせます。しかもそれぞれの人がプロフェッショナルであるとすれば、場合によっては一人がフルタイムでやるよりも、達成出来ることが何倍にも大きくなるかもしれません。

新たな時代には、新たな課題が生まれ、そしてそれには新たな解決策が必要です。そして新たな解決策には、新たな働き方も求められていると思います。

鉄則⑩　「お金」のルールは厳格に

初期には避けたい「不特定多数」からの資金調達

事業には必ずお金がかかります。立ち上げ当初、その分は参加者全員で投資するべきです。資本と経営を一致させ、成果が出るように努力するしかありません。

いきなり何百万円も出し合おうという話ではありません。懐具合にもよりますが、命がけにならないレベル、自分の趣味や旅行に費やす資金二、三年分といったところでよいと思います。実際は一人当たりせいぜい一〇万円から一〇〇万円が妥当なところではないでしょうか。逆に言えば、集まる金額の範囲で事業計画を立てるしかありません。

これなら、仮に失敗してゼロになっても損害はたかが知れています。〝自己責任〟の範《はん》疇《ちゅう》なので、他の誰かに迷惑をかけることがない。馬券が外れた、道楽で安物の壺を高値で買ってしまった、もしくはせいぜい家族旅行に一回行きそびれたと思えば済む話です。家族からは白い目で見られるかもしれませんが、陳謝しましょう。

とはいえ、好きこのんでお金をドブに捨てる人はいません。私も基本的にはケチケチなので、お金を出した以上、どうすれば損にならないかを必死に考えます。それは、参加者（＝出資者）全員が同じでしょう。

何度も言いますが、自己資金だからこそ、事業に真剣に取り組めるわけです。いろいろアイデアを出し合って、試行錯誤するようになる。前述したような軌道修正の決断も早くなる。業務分担もちゃんと守る。うまくいくとは限りませんが、少なくとも真剣さがなければ成功が覚束ないことは間違いありません。

逆にリスクが大きいのは、外部から積極的に資金調達しようとすることです。夢を抱くのはいいですが、まずは身の丈を考える必要がある。実績ゼロの会社にすすんでお金を貸してくれる銀行や信金などありません。調達の交渉には骨が折れるし、運よく出資者を見つけても、いちいち状況を報告しなければならない。事業がうまくいかないときのプレッシャーも格段にキツくなります。そこに余計な労力を注ぐくらいなら、まずは内輪だけで集めたほうがいいと思います。

顔の見えない、不特定多数の人から事業資金を募るのはあまりにもリスキーです。その意味で、私は今流行りの「クラウド・ファンディング」の利用も慎重に考えるべきだと思っています。「地元には資金を出してくれる人がいない」と言って、すぐにクラウド・ファンディングに飛び付く人がいますが、自分も、地元の人も誰も一銭も出さないような取り組みを不特定多数から資金を集めてやるというのは、少し疑問なのです。最初は自己資金で成果をあげて、二次的、三次的な段階で試すのであれば、クラウド・ファンディングもよいのかなと思っています。

どちらにしても事業が軌道に乗れば、いずれ外部からの調達が必要になります。それまで待っても遅くはないでしょう。例えば顧客が一〇〇人に達し、それを三〇〇人にしようと思う時が、増資や金融機関から融資を受けるタイミングです。ある程度の実績も重ね、今後の投資すべき具体的な内容も見えてくれば、事業計画も当初より緻密なものが作成できます。実際の数字をベースにつくられた事業計画を持っていけば、金融機関もしっかり向き合ってくれます。投資家の方にも明確なプレゼンが可能になると思います。

言い換えるなら、顧客ゼロの状態から一人を獲得するまで、あるいはそれを一〇〇人に増やすまでは、自分たちのお金で何とかしたほうがいいということです。

分配ルールも明確に

お金がない状態も苦労しますが、お金がある状態もまた、頭痛のタネになります。事業が思いどおりに運び、相応のリターンを得られたとします。その一部は再投資に回すとしても、業務に携わったメンバーへの報酬や株主への配当金に分配する必要があります。

一般の企業なら、最初から細かな契約をしたり、規定があったりします。しかし小規模なまち会社の場合、そんなルールはありません。勢いで立ち上げて、まずは軌道に乗せることで精一杯という状況で進んでいくと、実は報酬について決めていなかった、という場合も少なくありません。

ここで揉めることが少なからずあります。揉めなくても、気持ちよく仕事が出来なくなってしまうこともあります。

報酬決定には、どうしても主観が入り込みます。一人が勝手に「自分はかなり頑張っているから利益の二割ぐらいもらってもいいはず」と思ったとしても、他のメンバーから「せいぜい一割」と評価されることは往々にしてあります。当然ながら、当人は面白くない。モチベーションは一気に下がるし、揉め事の元になるし、場合によってはメンバー内の人間関係に支障をきたすおそれもあります。

これを防ぐ最も確実な方法は、あらかじめ事前に「分配の割合」を決めておくことです。私たちの場合は、基本的に最初に、利益分配のルールを決めておきます。「儲かってから決めればいい」と先送りしてしまうのが最悪です。事業を始める前にさくっと決めてしまえばいいのです。

これだけ儲かったら、この業務をやった人はこれだけ、あの業務をやった人はこれだけ。利益は出資金額に応じて配当をこれだけ。あとは全て再投資に回そう、などと、明快に決めてしまうのです。場合によっては、配当は設立から三年は凍結して、全額再投資しよう、ということになったりもします。どちらにしても、利益が目の前にないうちに決めればそれほど揉めません。日の前に利益が生まれてから協議すると、揉めるのです。

どれほど信頼関係があっても、お金の話は別です。「取らぬ狸の皮算用」ではありますが、「転ばぬ先の杖」を用意しておくということでもあります。最初に基本ルールを決め、あとは一年に一度ずつ割合を見直すようにすれば、その時々の状況に即して柔軟に対応していけるでしょう。

割合が決まれば、一年間でどれくらいの収入になるかもある程度は予測出来ます。それに向けて頑張ろうというモチベーションにもつながりますし、生活設計もしやすくなります。

このように、何事もお金の問題は先に決めておいて悪いことは何一つありません。お金の話はなかなか言い出しにくいために先送りにしてしまって、結局、仲間と揉めたり、感情的にしこりが残る人も少なくありません。「儲かったら考えようね」ではなく、計画にもとづいて初期段階で協議しておくのが鉄則です。細かな金額までは決められなくても、分配割合だけでもいいので決めておくほうがいいと思います。

血判状をかわした仲間同士でも、というかむしろそこまで大事な仲間と気持ちよくやり続けるためにこそ、お金についての取り決めは最初にしておきましょう。

第三章　自立した「民」がまちを変える

金食いインフラを「稼ぐインフラ」に

行政からお金をもらうのではなく「払う」

第二章で解説した「10の鉄則」は、実は小さなまちづくり団体一つ一つに当てはまるだけではありません。これらの鉄則をしっかり守って取り組みを続けている民間の力は、地方における公共のあり方さえも変えていく可能性を持っています。

これまでのまちづくりがうまくいかなかったのは、「官」が今の時代では経済的に回らない仕組みに投資していたからです。地域を活性化するためと言って、利用価値の低いムダに立派なハコものをつくったり、利益も出ない、持続性もない、イベントのような一過性の取り組みに税金を投入してきました。だから活性化どころか、衰退は加速してきました。

かといって、これは「官」だけの責任でもありません。このような問題が引き起こされ、放置されてきたのは自立しない私たち、民間側にも問題があります。

民間がいつまでも国や自治体の資金で、何のリターンもない取り組みを「まちづくり」などと称してやり続ける限り、その地域は活性化しません。財政赤字は拡大し、域内収支は悪化する。よかれと思って頑張っているにもかかわらず、やればやるほどに衰退を助長してしまう。こんなに悲しいことはありません。

自立した「民」が、小さくてもしっかり利益を出す事業を立ち上げ、それを続け、数を少しずつ増やし、周囲に波及させていく。何かにつけて資源不足の今にあっては、このような積み上げ型の取り組みをするのが一番確実です。

たとえ小さな取り組みであっても、市場とまっすぐ向き合って稼ぎ、次なる事業に再投資して、利益を地域に還元していくことが大切なのです。それが出来るのは、自立した民間の力です。そろそろ、「官」も「民」も、「まちづくりは行政の仕事」という思い込みを捨てて、官と民で「公」をよくしていくという発想に切り換えていく時に来ています。民間の力を基軸にしながら、「官」も従来の概念を捨てて、連携するのです。

私は最近、「公民連携（Public Private Partnership）」事業に力を入れています。

私たちが考える公民連携は、「いかに行政からのお金を引っ張るか」ではありません。発想を逆転し、「いかに行政にお金を支払えるか」という視点に立って、稼ぎ出す仕組みをつくり、縮小する社会でも「官」と「民」で共に「公共」を守っていくという新たな構想を持っています。

これまでは、公共施設はなんでも税金でつくってきました。高度経済成長時代であれば、人もお金も自然に増えていたため、「お金を使う」ことだけ考えていても十分に成立しました。しかし、いまやまちから人もお金も流出する時代です。今ある道路や上下水道の維持さえままならない自治体が増加している。国からの補塡がなければ、夕張市のように破綻しかねない状況です。その補塡も、新しい政策によって特別に予算が出るなど突発的なものはあっても、恒常的に増加が期待出来る時代は終わり、段階的に縮減されつつあります。そのため、自治体としては、小さくなる財政規模に合わせて公共サービスもどんどん縮小するしかない、と半ば諦めています。

しかし、ジリ貧の自治体でも、民間と共に「稼ぐ」という新たな選択肢を持つことができれば、公共サービスを諦めなければなくて済みます。スリム化は必要ですが、縮小均衡ばかりに囚われず、民間に任せるところは任せ、その「稼ぎ」をもとにした新たな公共サービス経営を考えていけばよいのです。

そのような公民連携を支えるのは、民間と行政の固定観念を転換すると共に、第二章で紹介した「10の鉄則」を徹底して実行していく民間の絶えまない努力です。

最終章となる本章では、このような自立した民間による自立した事業が、地方の公共を変え、朽ちるインフラを「稼ぐインフラ」に変えた実例を紹介しながら、新たな時代の「公民連携」の姿について述べたいと思います。

公有地に民間の資本と知恵を投入

岩手県のほぼ中央、盛岡市の南に、紫波町《しわちょう》というまちがあります。人口三万人強の小さな町ですが、二〇〇九年からこの駅前一帯で展開されている開発事業「オガールプロジェクト」は、現在、公民連携による地域活性化の手本として全国から注目を集めています。

このプロジェクトは従来とは抜本的に異なる仕組みによって開発、運営され、大きな成果を収めているのです。

まず、オガールプロジェクトの最大の特徴は、役所、図書館などの公共施設と、産直市場やフットボールセンターなどの民間施設を一体的に、民間が自主資金で開発、運営していることにあります。行政が計画を立て、開発をし、運営を外注するという従来の方式とは全く異なり、民間がリスクを負って投資家や金融機関から投融資を集め、テナントを集めて経営しているのです。

この仕組みによって、紫波町役場は町有地を民間に貸し出し、家賃収入を得ることが出来ています。民間施設内では雇用も生み出され、産直市場の設置によって地元農作物の流通も拡大し、結果的に農家所得の向上にもつながっています。つまり、まち全体が確実に豊かになっているのです。魅力的な複合施設にひかれて、今では盛岡や花巻からもお客さんが押し寄せ、地価も二年連続で上昇しています。

中核施設の一つ、「オガールプラザ」は、二〇一二年六月に開業。町営の図書館と地域交流センターが真ん中にあり、産地直送の市場「紫波マルシェ」、飲食店、学習塾、クリニックなどの民間施設が同居しています。

敷地は、図書館などの公共施設を建てるために一九九七年、紫波町が県から購入した公有地です。税収のピーク時に購入を決めたものの、その後の税収減で建設の目処が立たず、雪捨場として使う以外は実質放置していた土地です。それを事業用定期借地権として民間が借り受け、計画から開発、管理運営までを一貫して「オガールプラザ株式会社」が行っています。開発に必要な資金は、有志の出資と地銀からの融資で賄いました。税金は一銭も使っていません。

このプロジェクトの中心になって奮闘しているのが、私の仲間の一人である岡崎正信さ

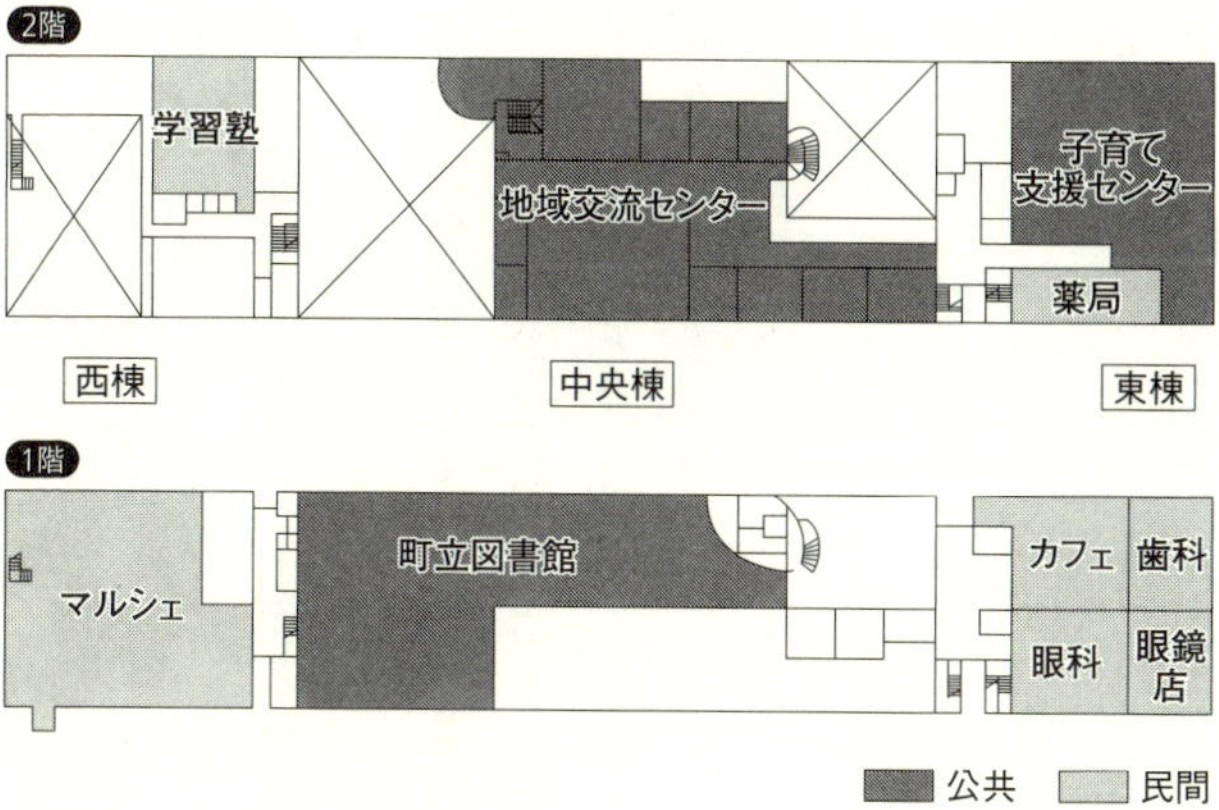

図3−1　オガールプラザのフロアマップ

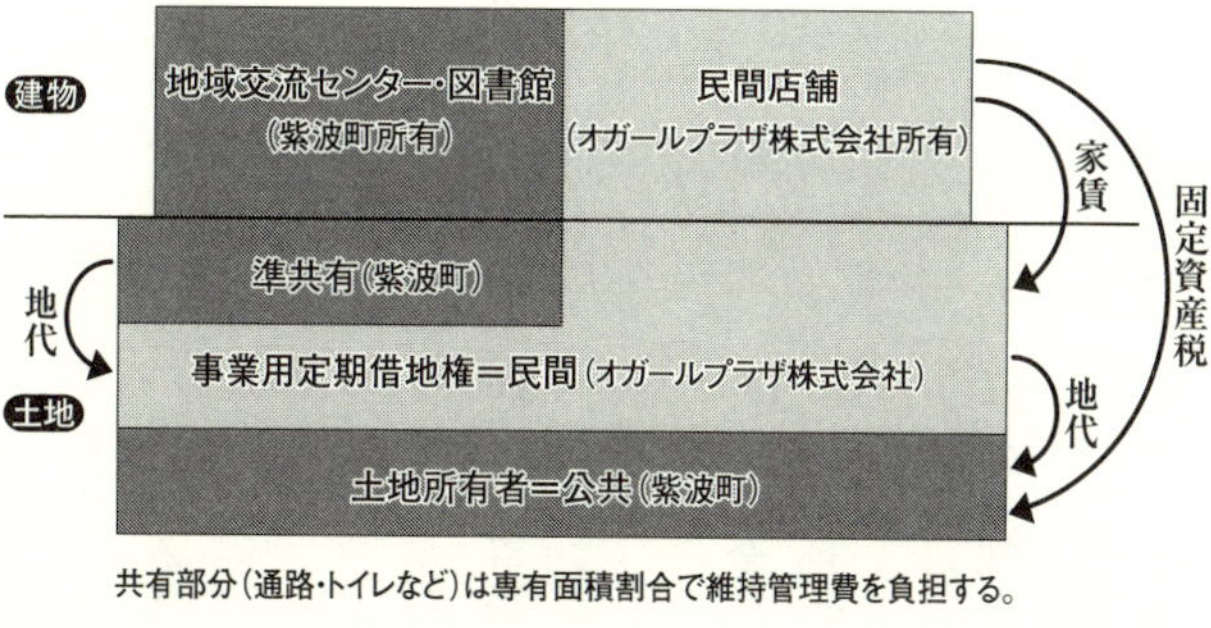

図3−2　オガールプラザの官民合築モデル

ん。実家の地元建設会社を継ぐべく東京からUターンした人で、現在、「オガールプラザ株式会社」の社長などを務めています。二〇一三年、私は「公民連携事業機構」という新事業を岡崎さんと、オガールプロジェクトでもデザイン会議委員長などを務める清水義次さんと共に立ち上げ、全国で公民連携事業を推進しています。

行政の初期投資なしで公共施設を建設

民間による公有資産活用のメリットは、役所と民間双方にあります。

まず役所にとっては、手元の資金が乏しくても必要な公共サービスを提供できるうえ、歳入まで増えます。

もともと借金の多かった同町では、新しい施設を建設するために、さらに借金をするのは無理でした。もし建設出来たとしても、歳入が増加する見込みがなければ、毎年の運営コストを支払う余裕はありませんでした。

しかし、オガールプラザは民間が全体の施設を資金調達して建設し、その一部を自治体が借りるか、もしくは買い取る計画なので、建設資金調達のために同町がまとまった借金をする必要がなくなりました。さらに町有地に民間施設が併設されることで、そこから家賃と固定資産税が入り、歳入増加が見込めました。結果、新たに図書館を有する情報交流館を整備することが可能になったのです。これは、厳しい財政状況にある地方自治体にとって、初期投資、維持管理両方の問題を解決する画期的な方法でした。

もちろん町民にとっても、放置されていた土地のど真ん中に図書館や産直市場やクリニックが出来て生活を楽しめるようになったのですから、いいことずくめです。

現在、行政が持っている土地や建物は、全国で五〇〇兆円を超えると言われます。従来、これらは全て税金や借金で造成・運営され、往々にして赤字を膨らませる「金食いインフラ」となっていました。しかし、オガールプラザのように民間が新たな知恵をもとにこれらを活用すれば、これらは金食い虫ではなく、地域の新たな稼ぎの柱、しっかり「稼げるインフラ」になる可能性を秘めています。

市場性と公共性を兼ねる施設を

一方、民間側にとっても、この開発手法には大きなメリットがあります。長らく放置されていたような土地に、いきなり大規模な商業施設をつくっても、出店したいというテナントなんていません。たとえ補助金をもらって開発したとしても、従来のやり方なら大失敗していたでしょう。鍵となっているのは、「消費」を目的としない集客を先に固めたこと。まちの人たちは、各種手続きや調べものなど、公共サービスを利用するために公共施設を訪れます。雪捨場には誰も来ませんが、年間一〇万人以上の来館者が来る図書館の目の前であれば、カフェやクリニックを経営したいという人が出てきます。そのような出店が見込めれば、民間で施設開発することが可能になります。

公共サービスの利用者は、民間からみればお客様。この組み合わせを実現出来たからこそ、ただの民間施設だけでは不可能な事業が開発できたのです。

地域の人の多くが必要な施設やサービスには公共性があり、さらに市場性も確保できます。これからの施設開発は、公共性と市場性が一致するという考えのもとで進めていく必要があります。

民間開発で規模を適正化

役所ではなく民間が開発することの大きなメリットの一つに、建設規模の適正化があります。

例えば役所が施設を開発する際には、まずはその建て方を決める「仕様」を、役所がコンサルタント業者に外注してつくらせます。その際、大抵は地元の様々な意見が盛り込まれて、結果的に地域の実情に合わないような豪華仕様になってしまう。例えば、不必要なほどに広い通路とか、寒冷地なのに開口部やガラス張りの部分がバカでかいデザインなどです。さらに、公共入札は一般的に民間発注よりも二〜三割は高い金額になるので、開発費は尋常ではないレベルで高騰します。

ましてや、「ユニークな作品」をつくりたい有名建築家なんかに依頼した日には、さらに特殊な建築手法が必要となり、地元業者ではなく、大都市に本社があるゼネコンでないと建設出来なくなってしまうこともあります。これでは第二章で述べたように、事業費が地元に落ちず、多額の開発費のほとんどが地域外に流出していくことになります。

さらに運営のことまで考えると、ムダに豪華な建物は冷暖房代などの維持費もかさみ、いいことが全くありません。

しかし自立した民間がリスクを負い、さらに現代に即した、身の丈に合ったやり方で開発を担えば、このような問題は解消します。

それは、従来の行政主導の開発プロセスとは真逆です。仕様は最後に決まります。ハコよりもコンテンツ、つまり入居するテナントを決定することを優先します。第二章で見た鉄則⑤の「先回り営業」が、公民連携事業でも役立つのです。

オガールプラザの開発では、岡崎さんは実に一年半をテナント営業に費やし、施設の全ての借り手を決めてから、建物のあり方を再検討。結果として、もともとは三階建て鉄筋コンクリート造の予定だったものが、二階建て木造建築に大幅に修正されました。

最初に仕様を決めてしまう行政開発では、このようなことはあり得ません。

ではなぜ、そのような変更が入ったのか。それは全てのテナントが決まり、それぞれの支払える家賃が決まった時点で、当初に予定していた建設予算では一〇年で投資が回収出来ないことが判明したからです。もともとの計画では投資回収が成立せず、銀行が融資してくれない。だから下方修正したわけです。

これこそが、民間の力です。つまり成立しない事業は実行出来ないから強いのです。行政の場合には無理やり国から予算を引っ張ってきたり、投資回収という概念を無視して自治体がその信用力を利用して借金し、力ずくで元の計画どおりの建物をつくってしまったりします。しかし、民間にはこれが出来ない。出来ないから知恵が出るのです。

オガールプラザでは鉄筋コンクリート造りから木造に変える際、全体設計を担当した松永安光さんが東大農学部の稲山正広さんに参画してもらい、構造を考え抜いたそうです。

その結果、農家の「納屋《なや》」をモデルにしたユニークな構造をつくり出しました。これは地元の工務店でも施工が可能な仕様です。こうした新たな技術導入によって、建築費を大幅に削減することに成功。まさに困難が生み出す知恵です。

このように逆算して計画を立てていくことによって、過大な仕様は修正され、本当に必要な機能としっかり経済構造に沿った採算性が確保されます。身の丈に合った施設がつくられれば、ムダな運営費もないために、その分、公共サービス自体を充実させることも可能になります。

結果として、紫波町は民間の知恵で当初計画よりも二割以上も図書館建設の開発費を削減することが出来、維持費も安くなり、図書購入費など本来必要な予算を捻出しています。

全国に目をやれば、念願の図書館を建てたものの、建設費と維持費が高すぎて、本を買う予算が図書館予算の一〇パーセントを切っているなどという事例さえあります。これこそ本末転倒、バカげています。あくまで重要なのは公共サービスであり、公共施設そのものではありません。民間によって開発規模や内容が適正化されれば、行政予算が削減されるだけでなく、結果として公共サービスを充実させることが出来るのです。

強みを活かした「ピンホール・マーケティング」

二〇一四年には、「オガールプラザ」とは別に「オガールベース」という施設がオープンしました。国際基準準拠のバレーボール練習専用体育館を軸に、トレーニング施設やビジネスホテルを併設したユニークな施設です。

オガールプラザからさらに発展し、こちらは施設全てを民間資本の「オガールベース株式会社」が計画、開発、運営している事例です。体育館まで民間が開発し、経営しているのです。代表はオガールプラザと同じく岡崎さんが務めています。

ここが面白いのは、野球場でもサッカー場でもなく、ましてや多目的体育館でもなく、国際試合にも使われる専用素材の床を使った本格的なバレーボール練習専用体育館だということです。併設されているビジネスホテルは、休日はバレーボールチームの合宿場として、平日は一般的なビジネスマンの宿として、実に効率的に稼働しています。

なぜ野球場や多目的体育館ではないのか。それは単純に競争が激しいからです。競争過多の市場で消耗戦に挑むのではなく、希少性のある施設にすることで逆に全国から人を集めることが出来ます。

また、代表の岡崎さんが、家業の建設会社でチームを持つほどのバレーボール通であるからです。岡崎さんには関係者の知り合いも多く、バレーボール協会などを通じ、全国に営業しやすいという強みがあります。**鉄則①**「小さく始めよ」で述べた「ターゲットを絞り込む」ことを徹底し、さらにその対象を自分たちの得意分野にした結果が、バレーボール専用練習体育館なのです。

大抵の自治体は、体育館といえば、「みんな」が使える多目的体育館をつくります。そのほうが誰も文句を言わないからです。しかし、そんな施設は隣近所の自治体に山ほどあり、わざわざ遠くから訪れる人などいません。地域活性化と体育振興を目的とするならば、失格施設です。かといって、オガールベースのように特定目的の体育館をつくればそれでいいかというと、それも短絡的です。

当たり前ですが、施設はつくったからといって自動的に利用者が集まるわけではなく、営業が必要なのです。このような人に、こんな機会に使ってほしいと具体的に営業しなければ、誰も活用してくれません。だからオガールでは、岡崎さんが知識も人脈も豊富に持っていて営業がしやすいバレーボールを選択しているわけです。小さな事業をつくっていくときには、自分自身の強みを最大限活かすことが大事なのです。

これは地方であればあるほど有効な戦術だと思います。中途半端な多目的施設をつくるよりは、事業を仕掛けるチームが営業可能な分野に徹底的に絞り込んだものにする。

私たちはこのような手法を「ピンホール・マーケティング」と呼んでいます。針の穴くらいに小さな市場に徹底的に絞り込むことで逆に商圏を大きくし、実際のビジネスとしては大きく育てることが可能になるという考え方です。

規模が変わっても基本は一緒

紫波町は、いまや年間八〇万人もの人が訪れるようなまちになり、二〇一五年には一〇〇万人を超えるのではないかという予想も出ています。雪捨場でしかなかった土地に民間の資本と知恵を入れることで、魅力的な公共・商業サービス拠点をつくり、自治体の歳入を増やし、雇用を生み出すことに成功しました。

私が岡崎さんと初めて出会ったのは、彼が盛岡市で小さなビルの再生プロジェクトを推進していた頃でした。その時、まだ荒れ地だったオガールの建設予定地を見て、「ここを開発するのは大変だなあ」と思ったのを今でも覚えています。しかしその後の展開を見れば、結果は言わずもがなです。

小さな事業でも、公共を巻き込んだ一定規模の事業でも、10の鉄則を徹底してすることに関しては同じです。全て連続しているのです。まちでの小さな取り組みは決して小さいまま終わるものではなく、積み上げていくことで、まちのあり方自体を大きく変えていく。

大きく育ったオガールプロジェクトには、全国から多くの視察・見学者が訪れるようになりました。私たちＡＩＡは、その受け入れ面などでのサポートをしています。そしてオガールプロジェクトに入る視察料の一部は、次なる投資資金として積み立てられる他、図書館の図書購入費として寄付されるなど、公共サービス向上にも活用されています。

今、オガールプロジェクトのノウハウは、地元岩手を飛び出して、公民連携事業機構を通じて他の地域でも応用され始めています。小さなまちのプロジェクトが、まちを変え、さらに全国に飛び火しようとしているのです。

このことからも分かるように、オガールプロジェクトは特殊事例ではなく、普遍的な方法です。あと一〇年もすれば、公共施設を役所が建てるのが非常識で、民間が建てた公共施設を行政が利用するのが普通、という日が来るかもしれません。社会変革は、全ては小さな一歩からしか生まれません。公民連携も同様です。

行政と民間は緊張感ある連携を

小さな取り組みが制度を変えていく

民間の知恵と力を最大限まちづくりに活かすには、行政と民間が緊張感を保ちつつ、緊密に連携する必要があります。

先のオガールプロジェクト発足に際し、紫波町は「公民連携室」という専門の部署を設置し、公民連携基本計画の策定、都市計画決定の変更など、民間が事業を円滑に進めるための業務をどんどん実行しています。これらは、前町長である藤原孝さん（二〇一四年二月任期満了で退任）の意思決定力、実行力によるところも大きかったのです。

お金についてては民間が自立して取り組みながら、規制緩和や制度変更、民主的な進め方については、政治・行政が担っていくという、公民連携における理想的な役割分担がなされたからこそ、オガールプロジェクトが実現したといえます。

このような公民連携のプロジェクトは、規模の大小の違いはあれど、全国各地で増加しつつあります。それらの多くは、民間が挑戦し、行政と連携することで、社会的な制度変化につなげています。

例えば、全国各地で広がる、道路を活用した活性化事業。公的インフラの最たるものである公道の利用については、道路法、道路交通法ほか様々なルールがあり、従来は民間がそう簡単には使えませんでした。

序章でも述べたように、「株式会社商店街ネットワーク」社長時代、私は「全国の衰退する商店街でいかに稼ぐか」についてずっと頭を悩ませていました。その頃、新規事業として商店街のある道路上での広告宣伝事業を立ち上げました。ある日、ショッピングセンターなどで新商品の宣伝や企業広告がいたるところで行われているのに目を付け、これを商店街に応用して広告収入を得られないかと思い付いたのがきっかけでした。二〇〇三年のことです。

広告代理店などといろいろ話をし、企画を立ててはみたのですが、いざ自治体や警察に話しに行ったら「それは出来ません」と取り付く島もない。「道路を使ったら利用する他の人たちに迷惑がかかる」「危険だ」「公的なスペースなので金儲けのために使ってはならない」と、〝ごもっとも〟な返答をいただくばかりでした。

しかし、実際問題として、まちの道路にそこまで人はあふれておらず、自動車が乗り入れていない歩行者専用通路もたくさんあります。それに、アーケードの上や柱などに、まちとの調和をきちんと考えてデザインされた広告物を掲示すれば、景観を乱す違法看板の類とは違い、むしろまちに統一感を与えつつ、前向きなイメージも演出できます。欧米ではストリート・ファニチャー（市街地のベンチや案内板などの屋外備品）に広告を出すのは一般的で、景観にうるさいフランスなどでも統一的な広告だけは例外で許されています。

そこで私は、これを商店街活性化政策として提案することにしました。具体的には、商店街振興を統括している中小企業庁商業課に、道路使用における規制緩和の実験事業を提案し、国交省などとも連携して全国各地で「社会実験」を実施したのです。まずは札幌や仙台など、大都市の中心部で展開し、その結果をもとにして気をつける点、事業展開で必要なポイントなどを細かく点検し、軌道修正しながら実験の範囲を広げていきました。

実証結果も積み上がっていったことで、道路使用に関する規制緩和も段階的に行われていきました。現在では、広告収入の一部を地域活性化財源とする手法として定着し、「エリアマネジメント広告」などと呼ばれて全国で取り組まれています。

制度やルールの変更や新設も、今までのように国や自治体に任せきりにするのではなく、あるべき事業は自ら提案し、小さな事業を積み上げていき、修正すべきことは修正し、懸念を解消しながら前に進めていけば、制度変化にもつながっていくのです。

公有地を活用した各地の取り組み

ＡＩＡのパートナーがいる全国各地では、前項のエリアマネジメント広告から、さらに進化した取り組みがなされています。

例えば札幌市大通では、道路上に店舗が建設され、営業しています。「すわろうテラス」と呼ばれるこの施設は、二〇一一年に、都市再生整備計画にもとづいて国交省が道路の使用規制を緩和したのを受け、自治体と札幌大通まちづくり株式会社が連携して実現させました。規制緩和後の第一号案件でした。札幌市では地下街が発達しており、路上のスペースに比較的余裕があります。それを活用して、店舗をつくり、まちに新たな要素を加えています。そして、ここでの利益はまちづくり事業に再投資されるという循環を生み出しています。

また、再開発が進む名古屋駅前では、工事用の仮囲いを広告媒体として活用したり、公開空地で販促イベントを行ったりしています。これらも名古屋市の道路利活用課による道路規制緩和と、屋外広告物条例の柔軟な運用が背景にあります。これは民間の名古屋駅地区まちづくり協議会が事業主体となって実行しています。これらの社会実験事業にかかる経費も、この広告事業による収入から捻出されています。従来は行政が予算を出して取り組んでいた社会実験事業さえ、規制緩和によって生まれた収入で実施出来るようになってきているのです。少し前まででであれば考えられないことです。

公道活用は、起業家支援にも発展しています。第一章で紹介した熊本の「シードマーケット」以外にも、現在ではいろいろなまちで、一ヶ月に一回程度、公道上でマーケットが開かれています。路上マーケットである程度の売上を達成できれば、周辺の空いている不動産を活用して、TANEYAのようにシェア型店舗を開業することも射程に入ってきます。これも、「路上での金銭授受はダメ」というルールが徹底されていたかつてであれば不可能だったことです。

規制緩和のルールをしっかりと守り、そのうえで実績をあげる民間の姿勢。それをサポートすべく規制緩和を進めていく行政の姿勢。この二つが組み合わさって、一〇年前には出来なかったことがどんどん可能になっているのです。これらは全国での小さな取り組みが発展することで、国の制度をも変えていった実例です。

自立した民間を行政が支える

道路などの活用事例からも分かるように、これからの行政に必要なのは民間が可能な限りやりたいことができるようにサポートすることです。

ここまで紹介してきたエリア・ファシリティ・マネジメントも、リノベーションも、マーケットも、地域の素材を活用した製造小売も、公共施設や道路の利活用も、全ては民間がやりたいと考え、実行したことを行政のお金に頼らず実現しています。行政が予算で支援するのではなく、可能な限り規制を取り払い、民間が動きやすくすることで、これらの事業はもっと活発になるでしょう。

拡大社会においては、行政の役割は無秩序に拡大する開発を規制したり、民間にルールを守らせることにありました。しかし、縮小社会において活性化に取り組む行政の役割は、変わりました。民間の「やりたい」ことを、「やれる」ことに変えるための環境整備が求められています。それを周辺のどの自治体よりも早く、積極的に実現していくこと。それが、今後、勝ち抜く地域の条件とも言えるでしょう。

大きなルールや制度の変更に限らず、現場レベルでも、行政職員ならではのスキルや人脈を活かして、地域の「稼ぐ努力」をサポートできることは出来ます。

例えば、中央官庁から自治体まで、行政職員の得意な仕事といえば書類作成や役所手続きです。

役所には、民間人にはなじみにくい特有の言葉遣いやフォーマットで書かれた書式がわんさかあります。民間事業者にとって、煩雑《はんざつ》な書面作成による事業の届け出や許可どりなどは、意外と時間と手間になるものです。そんなとき、事業の意義を理解し、書類作成や申請手続きの面で応援してくれる人が行政側にいれば、民間は手続きではなく、事業の内容をよくすることに集中できます。

また、書類作成能力に加え、役場の信用や地元メディアなどとのつながりを活かして、「広報」の役割を果たすことも出来ます。プレス・リリースを民間と共に作成し、役所にある記者クラブに配布する。それだけでも民間での小さな取り組みが地元紙や広報誌に掲載され、活動が一気に成長する助けになります。

このような小さい、見えないところでのサポートこそ、多額の補助金より効果的だと私は思います。これまで私が取り組んできた事業でも、全国各地の自治体職員の方に、そのような方法で助けられたことが多々あるので、そのありがたさを実感しています。

ここにあげたのは、あくまで一例にすぎません。もし、組織として民間団体と連携する態勢が整っていない自治体でも、一人の行政職員としてプロフェッショナルのスキルと役所ならではの信用を活かして、地域の人たちの取り組みをサポートする方法はいくらでもあります。

そして、地道に支援してきた民間の実績が積み上がってきた時、組織としても連携することが可能になったりします。これからの行政職員は、民間を育て、組織同士として組めるところまで尽力することも大切な仕事の一つなのです。

行政と民間がお金ではなく、互いの技能と知恵をもってサポートし合える関係、依存関係ではなく、しっかりと緊張感を持った関係を構築出来れば、稼ぐまちを共につくり上げていくことが出来るはずです。

民間主導でまちを変えていく

市民「参加」から市民「実行」へ

民間主導・行政参加のまちづくりの鍵は、そのまちの市民にあります。

従来と異なることに対しては、多くの人が心配するものです。新しい民間会社が設立されて、銀行からお金を借りて公共の場所に商業施設を開発するなんて、本書で紹介したような事例を知らない人が聞いたら、まず不安を示すのが普通でしょう。

「やっぱり公共施設の建設は役所がやったほうが安心ではないか」「民間がやったらサービスの質が低下したり、価格が上がったりするのではないか」「何かあったら誰が責任を取るんだ」など、心配をあげればキリがありません。誰でも新しいものは、怖いのです。本書で推奨している、数人で立ち上げて小さく稼ぐようなちっぽけなまち会社でさえ、ただ「新しい」というだけで地域の人たちから危険な団体扱いをされることもあるくらいです。

このような背景には、市民自身が民間の力を信じられないという現実があります。今まで本当に長く、行政主導型のまちづくりが続いてきたせいで、自分たちが公的な役割を果たすなんて不可能だと思っているのではないでしょうか。「行政はダメだ」と言いながら、自分たちがそれに取って代わろうなどとは考えません。行政に「そんな仕事はやめろ。あとは俺たちがやる」なんてことを提案する人は、まだまだ希少な存在です。

しかし、これからのまちづくりに求められるのは、市民「参加」ではなく、市民が自ら「実行」することです。単に批判やお願いをするのではなく、自分たちに必要なものは自分たちの手でつくり上げていくという自立した姿勢が必要なのです。高い公共意識と自立的な事業手法を組み合わせて、地域活性化に取り組むことが今後のまちを変革していくことにつながるのだと思います。

人任せにして文句を言うのは簡単ですが、当事者になれば知恵を出さなくてはならない。何事も追い詰められてからが勝負。そこから知恵が生まれてきます。もちろん失敗もあるでしょうが、そこで諦めず、試行錯誤を続けていれば、絶対に結果も伴ってきます。

「ゾンビ会社」のオルタナティヴをつくろう

これまで「行政と民間の連携事業」と思われてきたものの一つに、いわゆる「第三セクター」があります。官民双方の共同出資によって設立された会社のことです。ただし、これらは我々が考えている、稼ぐまちのつくり方とは全く違います。なぜならば、民間が稼ぎ、行政をも潤す関係ではなく、行政から民間にお金が流れる仕組みになっているからです。資金の流れが逆なのです。

「第三セクター」は全国に多数ありますが、そのほとんどは赤字です。

我々のもとにも、しばしば第三セクター立て直しの相談が持ち込まれますが、改善策を明確に示しても、実行された試しがありません。本来、事業が不調で経営改善さえ出来ないのであれば、そんな会社はさっさと潰して仕切り直すべきなのですが、ズルズルと赤字を出し続けながら放置されてしまう。

それは、行政も民間も、誰も責任を取りたくないからです。その場しのぎを続けることで、まちに稼ぎを生むどころか、損失を拡大するという負の効果を与え続けてしまいます。これではまるで、生きながら死んでいるゾンビさながらです。下手に動いて赤字を出さないように、せめて動かないミイラになってほしいのですが、なかなかそうもいきません。

地方で困るのは、地域でまちの事業をしっかり担える民間会社があまりないため、行政も内心では「あそこはダメな会社」と思っていても、このようなゾンビ会社を使って様々な取り組みを展開してしまうことです。

このような状況を打開できるのも、民間の力です。民間がゾンビ会社とは別の、オルタナティヴ（代替）となる取り組みを始めることです。

今ある組織がダメだと嘆いていても、何も変わりません。ゾンビ会社を変えようなんて思っても無理。全く別の組織を地域内に立ち上げ挑戦していくのが一番です。最初は小さくとも、自立した民間が成長していけば、行政も公民連携を進めることが可能になるのは今まで述べてきたとおりです。

私たちも、地元に第三セクターのまちづくり会社がある場合であっても、それとは別に民間出資のまち会社をつくり、自立して事業に取り組むようにしています。そうすれば、行政も余計な予算を出す必要もなくなるし、自立した民間が生まれることで、多様なやり方が可能になるからです。

一歩間違えば、民間と行政は、すぐにユルい依存関係に陥ってしまいがちです。そういう意味では、公民連携というものは、極めて危うい関係でもあり、緊張感を持って臨まなければならないのです。でないと、自らもゾンビ軍団に仲間入りしてしまいかねません。経済的に自立し続けながら、常に自らを律していくことを肝に銘じてください。

「指定管理」から「民間経営」へ

第三セクターだけでなく、役所と民間の共同事業でよく使われるのが「指定管理制度」です。名目上は民間のノウハウやアイデアを公に活かしながら、施設の魅力的な経営を実現するということになっています。しかし、実態としては「行政予算に依存する民間」という構図になっているものが多くあります。

「指定管理」とは、民間でいうところの「外注」です。例えば、行政が管理運営し、年間の維持費にこれまで五億円かかっていた公共施設があるとします。その管理を、民間事業者に四億円で任せようと思いますので手を上げてください、と入札させるのが指定管理です。

なぜ民間がやるほうが安くなるのか。効率的に業務を行うようになるから、というのもありますが、一番の理由は「人件費が抑えられるから」です。どこの地方でも、公務員は高給取りです。余程の大企業の支社でもあれば別ですが、大抵の地方では民間企業の社員の平均給料は公務員より安い。つまり施設運営を公務員にやらせるより、民間人にやらせたほうがコストカットできるので、安くなるわけです。

施設に新たなテナントを入れたり、有料セミナーを開催したり、電力代の削減を行ったりして、収支を改善していくことが出来れば、民間に外注する意味もあります。しかし、業務内容などは入札の際に役所のつくったルールでがんじがらめになっていて、自由に経営改善できないケースが多々あります。そのため、割に合わない条件でも引き受ける地元企業や、地元の第三セクターや自治体の外郭団体が受けていることもあります。時には、それら団体の支援のために、あえて外注している場合もあり、極めて不健全な構造になっています。

これでは公共施設が稼ぐまちを生み出すために機能するどころか、単なるコストカットにとどまるか、悪くすれば官民の癒着につながってしまいます。

しかし、行政がルールを柔軟に運用し、公共施設を活力ある民間に任せれば、公的施設を創造的な場所に変えていけます。実際、各地でそのような実例が相次いでいます。

例えば、東京都千代田区には、廃校になった中学校跡地を活用した「アーツ千代田３３３１」という施設があります。民間会社が施設を自治体から借り受けて、家賃を払いながらアートセンターを経営しています。ここは指定管理とは違い、民間企業が廃校をまるごと借りて、家賃を支払って運営しています。建物内にシェアオフィスやカフェなど複数のテナントを入れたり、イベントスペースをつくってレンタルすることで売上をあげています。家賃と経費を引いて残ったお金は、企画展の開催など芸術家の支援に回しています。

また、新宿区にある「東京おもちゃ美術館」も、民間団体が廃校を借りて活用している事例です。全国から集めた木製のおもちゃで遊ぶ空間をつくったり、おもちゃインストラクターを養成するなど、画期的な取り組みを行っています。

北海道新冠町《にいかっぷちょう》には、やはり廃校を改装した「太陽の森ディマシオ美術館」というユニークな美術館があります。フランスの幻想画家ジェラール・ディマシオの作品を展示しているのですが、経営者は、ここをネット・オークションで落札して事業を始めるという、従来では考えられない経緯での民間活用も出てきています。

指定管理制度にもとづいて、がんじがらめで管理させるよりも、利用条件などを緩和し、貸し出したり売却したりして、民間の知恵を活かして自由に運営してもらったほうが、面白い展開になることがこれらの事例から分かります。行政と民間の関係は、施設の貸し借りについても従来の発想に囚われない、新たな方法がこれからどんどん出てくると思います。

民間の営業力が産業と雇用を生み出す

地方活性化において雇用問題はとても大きな課題です。政府や自治体はこれまでも、世界同時不況や円高不況に対応して、「緊急雇用対策」を打ち出してきました。しかしながら、これらは予算が尽きれば終わりになる一過性の税金に依存した雇用です。本来の雇用は、経済活動を通じて生み出されるもので、地域内雇用の基本は外貨獲得産業とそれに関連する産業、そして内需型（地域内消費型）産業の三つで構成されています。

そしてこれらを率いるのは当然、民間です。

外貨獲得になるのは、地元からモノを出していくか、サービスを出していくか、人を出していくか、のどれかになります。地元に山があれば木材を製品加工して外に販売する事業があり、他地域に飲食店を進出させることも出来、さらに地元で培った取り組みのノウハウを地域外に教えに行くことも出来ます。

外貨獲得で重要なのは、「営業」です。そこだけでしか手に入らない特産品を地域外に出していくにしても、画期的な技術やアイデアを地方に持ってきたとしても、営業が出来なければ、宝の持ち腐れです。

「売れている地域」は、消費地に先回り営業を行い、販売ルートを開拓してから、生産に着手しています。リノベーション事業や公民連携における施設開発でも行われていた鉄則⑤「先回り営業」です。

高知空港からも松山空港からも二時間以上かかる、高知県四万十町。ここには「株式会社四万十ドラマ」という、地元の製品開発などを行う、商社型のまちづくり会社があります。同社は地元でとれる栗製品やお茶製品を消費地に営業し、卸元や消費者の反応を商品開発に活かし、成果を収めています。

例えば、栗製品は、最初は中国産栗などとミックスしたモンブランの原材料として販売していたものを、「せっかく四万十という名前が知られているのだから、地元の栗だけで製品化してはどうか」という声にこたえて、「四万十地栗」というブランドをつくり出しました。それで渋皮煮やケーキなどを製造し、業績を伸ばしています。

つくってから営業するのではなく、営業してからつくる。この鉄則を実行している四万十ドラマは、今となっては四万十町における外貨獲得を担い、雇用を生み出す有力企業に成長しました。さらに、これらの製品に必要な栗などの原料を作る生産者組合も業績を伸ばし、高配当を続けています。同社が経営するレストランやカフェにも多くの人が訪れ、地元での消費も拡大し、好循環が生まれています。

市場に直に向き合う民間が、外貨獲得産業、関連産業、内需型産業をつくり、しっかりと営業で稼ぎ出せれば、どんなに寂れたまちでも、雇用をはじめ、様々な可能性を生み出すことができるという好例です。

実践者自ら知恵を伝えよう

ここまで、自立した民間がまちを豊かにし、行政と連携して「公」のあり方までをも変えていく実例を見てきました。これらは都市部でも農村部でも、まちの規模の大小も関係なく、全国各地で生まれてきている新たな動きの一部にすぎません。本書では紹介しきれない実例が全国では山ほど出てきています。

本書では一貫して、稼ぐまちを実現するために利益を生む事業をつくろう、と言い続けてきました。しかし、最後に付け加えたいのは、民間は、事業に取り組んでいるだけでは不十分だということです。

地域活性化という業界では、現場の実践者が知の最先端です。大学の研究者は全国の事例をフィールドワークで調査研究しています。政策シンクタンクも、実践者のヒアリングを通じた情報しか知りません。

このように調査研究機関は、常に間接的な、少し時間の経った情報しか知らないのです。このような状況では、大学の研究者やシンクタンクなどが、今まさに必要な政策制度などを考え、提案していくことは不可能です。

だからこそ、これからは、現場で取り組んでいる実践者が自ら、政府や学術機関に様々な政策提言をしていくことが重要です。さらにいえば、提言だけではなく、現場で実証を示すところまでやる必要があります。前述の道路使用規制緩和につながった実証実験はその一例ですが、民間が実証し、問題解決策を考え、それを政策として提言していくことで、規制緩和につなげる。このような方法を、地域活性化のあらゆる分野で、最先端の現場の実践者たちが行う時代が既に到来しています。

これからは、実践者こそ、個別地域、個別事業だけでなく、社会全体を俯瞰し、必要な制度変更などに対する行動をとる必要があるのです。学識経験者やシンクタンクだけに任せてはいられません。

制度や政策だけでなく、自分たち実践を通じて構築したノウハウについても、民間が自らレポートにまとめて発信したり、スクールなどを主催して、他の地域へ知恵を伝えていく必要があります。従来のように、行政の出す「成功事例集」に紹介してもらうのを待っていてはいけないのです。

北九州市で開催されている「リノベーションスクール」はその一例です。同市の小倉地区を中心に、ビルを改装し、新たな都市型産業をつくり出す事業が行われていますが、その地区での仕事を始めた人が三百人を超えるなど、この三年ほどで大きな成果を収めています。このプロジェクトを実践しているメンバーが中心となり、地域外からも参加者を募って、四泊五日の合宿を実施しているのです。この「リノベーションスクール」では、座学ではなく、実際に北九州でのリノベーション事業に参加することで、受講者が肌身で手法を理解することができるようになっています。

私が役員を務めている公民連携事業機構でも、オガールプロジェクトや熊本城東マネジメントなどを題材にしたブートキャンプを実施。これも、まち会社を立ち上げるために、実際に事業計画を組み立てて事業化してもらうスクールの一つです。先程のリノベーションスクールをはじめとして、多くのまち会社や事業グループがここから生まれていきました。こうした、実際の事業とスクールの複合型事業は、実践者が自ら行う知恵のシェアの手法として拡大しています。

また二〇一四年から、ＡＩＡでは、知恵のシェアの方法としてeラーニングを導入しました。現場で事業に取り組む人の話を、インターネットを通じて全国で聞くことができます。さらに、その話を聞いたうえで、リノベーションスクールやブートキャンプといった、リアルで行うプログラムにも参加できます。これから、全国各地の先進的な取り組みを実践してきた人たちが、オンラインでも、リアルな場でもどんどんノウハウをシェアしていくことになっています。

民間が自ら実践し、それを体系化し、政策提言をし、取り組みのなかでさらに実証し、その全てのプロセスを他の地域へ伝えていく――何もかもが試行錯誤の連続で、常に新しいことにチャレンジしていかねばならないこの業界では、現場の最先端の人間が、後に続く人たちのために、自らの知恵をしっかりと、早く伝えていくことが大事です。

一方で行政は、これからますます縮小していく社会のなかで、「民」が出来ることは出来るだけ「民」に任せ、そのためにも「民」がやりやすいようにルールや制度を変え、互いに連携していきやすい環境を整えるという、新たな役割が課されています。

これからの時代には、『民間には高い公共意識』、「行政には高い経営意識」が求められているのです。この意識が一人ひとりに備わった時、いかなる課題も解決できる、素晴らしいチームが地域に生まれることでしょう。

おわりに

この本を読んで、自分で地域でのプロジェクトを立ち上げたいと思った方は何人いらっしゃるでしょうか。一人でも多くの方が、自分の関わる地域、もしくは店、会社などの取り組みに活かしてくだされば嬉しいなと思います。

何事も、やる人はすぐにやります。

「何かをやりたい」と本気で思った時、人は衝動的に行動を起こします。「やりたいけど、リスクがあるからどうしようかな」なんて迷っているようなら、それは大してやりたくないことです。

私の周りにいる、全国各地で共に事業を立ち上げているパートナーの人たちは、何かピンとくる情報を得たら、すぐにそれを自分なりに実現してみようと試みる人ばかりです。全ての物事に対する瞬発力が半端なく高い。思い立ったら吉日、すぐに始めていきます。

そして大抵は思うようにいかないのですが（笑）、常に軌道修正を重ねて、成果に結び付けていく底力がすごいのです。

プロジェクトは値踏みしてはいけない。誰もやっていないことを、まずは始めてしまうことが、その分野での一番手になるコツです。一番手になれば、周りから様々な人が寄ってくる。連動して情報が集まり、資金も集まるようになる。結果、自分たちで出来ることが広がっていくのです。地方が衰退しているなか、資金もない、人もいないのであれば、最後に残るのは、少数の人たちがやる気を出して、どこよりも早くプロジェクトを立ち上げ、どんどん経験を積んでいくという「スピード」だと思っています。

私自身も見切り発車でやることばかりです。だから失敗だらけ、ということもありますが、死にはしません。全国商店街丁稚奉公の旅をしている時に、戦争から帰って商売を興した人たちから、「息子たちの世代はすぐにリスクリスクっていうけど、俺らの時は死ぬこと以外をリスクなんて考えたことはなかった」なんて言われたこともありました。痛みを経験するからこそ、本気で考え、決断し前に進めるようになるのだと思います。通信教育で柔道の黒帯をとっても実践では役に立ちません。本や論文やウェブの情報は参考にはなりますが、知っていることと、やること、そして出来ることは別です。

何事にも保守的になり、やる前から「それは成功するのか」なんてことばかり気にしていれば、それが衰退の原因になります。何が成功するかなんて分かりませんし、ゼロリスクなんてものはこの世に存在しないのですから、さっさとやった者勝ちなのです。

多くの地域では、これから人口規模も経済規模も財政規模も全て半分以下へと縮むわけですから、従来のやり方を改めることが出来なければ、自治体ごと破綻してしまいます。問題なのは、人口減少そのものではなく、減少することが分かっているのにそれに対応しようとしないことです。なんでも「従来通りに」と保守的になり、変化を怖れ、新たな挑戦をしなければ、本来だったら維持出来るはずのものさえ維持出来なくなります。

しかし、新たな時代に合わせた新たな社会のあり方は確実にあります。本書で紹介したように、縮小時代に適応した様々な手法も、実例もどんどん出てきています。いかに固定観念を捨てて、自分たちで自立した取り組みを積み上げていけるか。それを全国の仲間で共有し、さらに進化させていけるか。新時代に合わせた地域のあり方を官民が共に切り開いていく時が到来しています。

ぜひ、突発的かつ無計画に地元で小さな事業を立ち上げてください。そして、それを意地でも自立させ、継続してください。それが出来たら、あなたの事業がまた新たな手法の一つになります。全国の仲間と共有していきましょう。「やれるか、やれないか」ではありません。「やるか、やらないか」です。

最後に、本書は共に事業に取り組んでくださる全国各地の方々とのプロジェクトを通じて得た知見をもとに執筆しました。縁もゆかりもない私を迎え入れ、共に投資し、事業に取り組んでくださる地域のみなさんに、この場を借りて感謝申し上げたいと思います。また、家を空けっ放しにしている私にも理解を示し、支えてくれる家族にも心から感謝します。

木下　斉

二〇一五年四月

【付録】まちを変える10の覚悟

これから事業を共に立ち上げようとする人がマインドセットを変え、「覚悟」を決めるためにまとめたものです。本書で紹介した「10の鉄則」と合わせて活用して下さい。

1 行政に頼らない

まちづくりは公共性のあることだ。だが、公共は行政だけの仕事ではない。これまでは行政に任せておけば平等を維持出来たが、今後は政府もすべての地域を均一に維持することは出来ないと判断している。住む人たちが自ら動き、改善していくまちは住みやすくなり、栄えていくが、これまで通りの行政任せの地域は確実に衰退していく。「べき論」ではなく、現実論で自分たちでやるしかない。

2 自ら労働力か資金を出す

まちを変えていくためには、人任せにして、「こうしてくれ、ああしてくれ」と要請するのではなく、自ら変えていく行動が必要。もしも人に任せるときは、費用は負担するのが基本。海外でも今はそれが普通であるし、江戸時代まで日本においても、労働力を出すか、出来ないならお金を出すのが、まちに住む人たちの務めの基本であった。

3 「活動」ではなく「事業」としてやる

今、まちづくりは「活動」ではなく、「事業としてのまちづくり」が有効。活動があってもいいが、活動だけでは真の意味でまちを変えることには至らない。活動をやるからといって補助金を求めるのは本末転倒。まちの活力を生み出すどころか公的支出を拡大させ、自立できなくなり、長く続かない。事業性が重要。

4 論理的に考える

事業は思い付きではなく、自分の頭で考え抜いた「論理」が必要。闇雲《やみくも》に動いても、成果につながるとは限らない。一生懸命やっても論理がなければ破綻する。想いは必要だが、想いだけでは何も達成されない。逆に想いなき論理もまた誰も共感出来ない。

5　リスクを負う覚悟を持つ

まちづくりをしたいと言って様々な視察見学をしたり、セミナーに参加しているだけでは全く無意味。自分の頭で考える力とリスクを負う覚悟がないと、現場の困難に立ち向かえない。

6　「みんな病」から脱却する

「みんな病」からの脱却が必要。「みんなで決めない、みんなでやらない」。みんなでやろうとするから、どれもが人任せ、意見がまとまらない、ムダに時間が経ってしまう。みんなではなく、自分から始める。

7　「楽しさ」と利益の両立を

続ける条件は、楽しいことと儲かること。楽しくても損をし続けると続けられなくなる。逆にたとえ儲かっても苦痛の限りを尽くしていては人間続けられない。

8 「入れて、回して、絞る」

まちの活力を生み出すには、「入れて、回して、絞る」。地域外から人や財を入れ、地域内取引で回して、地域から出て行く人や財を絞る。この循環をどう大きくしていけるか、というのを徹底すれば、必ず再生する。どれかだけでもダメ。

9 再投資でまち全体に利益を

まちづくりに事業として取り組むのは、それで儲けた資金を全て手元にとるのではなく、再投資をして地域で資金を回していくからだ。事業は課題解決方法であり、金儲けの手段ではない。すなわちまちづくり事業団体だけが豊かになっても意味がない。

10 一〇年後を見通せ

今年、来年を見るのではなく、一〇年後を見る。一年先しか見ていないまちの人と、一〇年先を見通して判断し、動いている人が多いまちのどちらが一〇年後に繁栄しているだろうか。それは、自分たちがいずれかを選択するしかない。

本書で紹介した各地事例に関する情報を
次の特設ページで掲載しています（2017年5月末まで）。

NHK出版新書『稼ぐまちが地方を変える―誰も言わなかった10の鉄則』
紹介事例参照ウェブサイト一覧
http://nhktext.jp/1408846000000000000i_01

＊端末により閲覧できない場合があります。

編集協力　島田栄昭
校閲　猪熊良子
図表作成　原　清人
DTP　佐藤裕久

木下 斉 きのした・ひとし
1982年東京都生まれ。まちビジネス投資家/事業家。
一般社団法人エリア・イノベーション・アライアンス代表理事(2009～)、
一般社団法人公民連携事業機構理事(2013～)。
一橋大学大学院商学研究科修士課程修了、経営学修士。
高校在学中から早稲田商店会の活動に参加し、
2000年株式会社商店街ネットワーク設立、社長に就任。
その後経営学の理論を合理的な地域再生ビジネスの方法論に
落とし込み、2008年より熊本城東マネジメント株式会社を立ち上げる。
一貫して自ら投資家・経営者として全国各地の事業開発、
運営に携わる一方、現場で得た知見を体系化し発信している。
単著に『まちづくりの「経営力」養成講座』(学陽書房)。

NHK出版新書 460

稼ぐまちが地方を変える
誰も言わなかった10の鉄則

2015(平成27)年5月10日　第1刷発行
2017(平成29)年12月25日　第13刷発行

著者　木下 斉
発行者　森永公紀
発行所　NHK出版
〒150-8081東京都渋谷区宇田川町41-1
電話 (0570) 002-247(編集) (0570) 000-321(注文)
http://www.nhk-book.co.jp (ホームページ)
振替 00110-1-49701

ブックデザイン　albireo
印刷　慶昌堂印刷・近代美術
製本　二葉製本

Printed in Japan ISBN978-4-14-088460-7 C0236

NHK出版新書好評既刊

知の英断
ジミー・カーターほか
吉成真由美 インタビュー・編

ネルソン・マンデラのもとに集まった「知の長老たち」(ジ・エルダーズ)。彼らが語る、世界と人類の課題とは? 大ベストセラー『知の逆転』の第2弾!

432

「できる人」という幻想
4つの強迫観念を乗り越える
常見陽平

即戦力、グローバル人材、コミュ力、起業……。若者への言いっぱなしは、もううんざりだ! 日本社会にはびこる「できる人」という幻想の正体に迫る。

433

ASEANは日本経済をどう変えるのか
西濱 徹

「共同体」設立を前に注目されるASEANは、日本経済を救う鍵になるのか。生産・物流・消費をめぐる大きな変化を気鋭のエコノミストが丁寧に解説する。

434

貨幣という謎
金《きん》と一万円札とビットコイン
西部 忠

仮想通貨は国家通貨を脅かすか? ハイエク、ケインズなどの論を踏まえながら、お金の不思議さから貨幣の未来像までを論じる、圧倒的貨幣論!

435

ルポ 電王戦
人間vs.コンピュータの真実
松本博文

プロ将棋棋士とコンピュータが真剣勝負を繰り広げる電王戦シリーズ。熱狂の裏に潜む数々のドラマを描き、戦いの全貌を伝える迫真のルポルタージュ。

436

予言の日本史
島田裕巳

神々の託宣から、占いと陰陽道、予言獣、新宗教の終末論、ノストラダムスの予言まで。時代や社会を動かした怪力乱神の正体に迫る一冊。

437

NHK出版新書好評既刊

漢字に託した「日本の心」　笹原宏之
「金田一賞」の日本語学者による漢字文化史。日本人の感性と想像力が生み出した当て字や絵文字、略字などを多角的に解明。
438

10歳から身につく 問い、考え、表現する力 ぼくがイェール大で学び、教えたいこと　斉藤 淳
イェール大学の教職をなげうって私塾を立ち上げた著者が、日本の10代に伝えたい学問の作法を初公開。子どものためのリベラルアーツ入門。
439

生物に学ぶイノベーション 進化38億年の超技術　赤池 学
真正粘菌からハダカデバネズミまで、生物たちの超技術はイノベーションの先生だ。生物進化の不思議を読み解きながら、「新発想のヒント」を記す。
440

プロフェッショナル 仕事の流儀 **人生に迷わない36の極意**　NHK「プロフェッショナル」制作班
イチロー、井山裕太、宮崎駿……彼らはどうやって一流になったのか？ 自らを奮い立たせた珠玉の言葉を紹介。人生を切り拓く、極意とヒント！
441

日本霊性論　内田 樹　釈 徹宗
東日本大震災後、問い直された日本人の宗教性。思想家・武道家の内田氏と僧侶・宗教学者の釈氏が、各々信ずる道から「こころ」の問題を論じる。
442

媚びない力　杉 良太郎
下積み時代の屈辱の体験、芸能界の荒波を乗り切る知恵、福祉活動の真実……芸能界デビュー50年を期に、媚びずに生きる術を説く。
443

NHK出版新書好評既刊

444
日清・日露戦争をどう見るか
近代日本と朝鮮半島・中国
原 朗
日清・日露の本質はどこか。朝鮮半島・中国との関係を中心に近代日本の戦争を大胆に読み直す。日中韓の歴史問題の原点が理解できる一冊!

445
逆転の英文法
ネイティブの発想を解きあかす
伊藤笏康
お決まりの和訳から距離をおこう。発想ごと逆転させせよう。すると英語の本質は自ずと見えてくる! 楽しみながら通読できる、新感覚の英文法書。

446
ビジネスマンへの歌舞伎案内
成毛 眞
四〇歳を過ぎて知らないのは損である! 博覧強記の著者が、ビジネスにも効く日本人必須の教養として、歌舞伎の効能を情熱的に説く一冊。

447
人事評価の「曖昧」と「納得」
江夏幾多郎
いつも不満や〝もやもや〟が残る、会社の人事評価。その根本的な原因はどこか。ユニークな視点から日本の人事評価の実態と問題点に迫る一書!

448
プーチンはアジアをめざす
激変する国際政治
下斗米伸夫
ウクライナ危機はなぜ深刻な米ロ対立を生みだしたのか? プーチンの「脱欧入亜」戦略を読み解きながら、来たる国際政治の大変動を展望する。

449
財政危機の深層
増税・年金・赤字国債を問う
小黒一正
財政問題の本質はどこにあるのか。元財務省官僚の経済学者が、世にあふれる「誤解」「楽観論」を正し、持続的で公正な財政の未来を問う。

NHK出版新書好評既刊

現代世界の十大小説
池澤夏樹

私たちが住む世界が抱える問題とは何か？ その病巣はどこにあるのか？『百年の孤独』から『苦海浄土』へ――。世界の〝いま〟を、文学が暴き出す。

450

世界史の極意
佐藤 優

「資本主義」「ナショナリズム」「宗教」の3つのテーマで、必須の歴史的事象を厳選して明快に解説！ 激動の国際情勢を見通すための世界史のレッスン。

451

憲法の条件
戦後70年から考える
大澤真幸
木村草太

集団的自衛権やヘイトスピーチの問題、議会の空転や、護憲派と改憲派の分断を乗り越えて、日本人は憲法を「わがもの」にできるのか。白熱の対論。

452

老前整理のセオリー
坂岡洋子

老いる前にモノと頭を整理しよう。①実家の片づけ、②身の回りの整理、③定年後の計画、3つのステップで実践する「老前整理」の決定版！

453

踊る昭和歌謡
リズムからみる大衆音楽
輪島裕介

「踊る音楽」という視点から大衆音楽史を捉え直す。マンボ、ドドンパからピンク・レディーにユーロビートまで、名曲の意外な歴史が明らかに。

454

ゴルバチョフが語る 冷戦終結の真実と21世紀の危機
山内聡彦
NHK取材班

第二の冷戦を回避せよ！ ゴルバチョフをはじめとする世界史の変革者たちが、東西冷戦終結の舞台裏を明かし、ウクライナ危機の深層に迫る。

455

NHK出版新書好評既刊

人生の節目で読んでほしい短歌
永田和宏

結婚や肉親の死、退職、伴侶との別れなど、人生の節目はいかに詠われてきたのか。珠玉の名歌を、当代随一の歌人が心熱くなるエッセイとともに紹介する。

456

写真と地図でめぐる軍都・東京
竹内正浩

戦前、戦中期を通じて、東京は日本最大の軍都だった。米軍撮影の鮮明な空中写真や地図などを手掛かりに、かすかに残された「戦争の記憶」をたどる一冊。

457

コンテンツの秘密
ぼくがジブリで考えたこと

川上量生

クリエイティブとはなにか？　情報量とはなにか？　宮崎駿から庵野秀明までトップクリエイターたちの発想法に鋭く迫る、画期的なコンテンツ論！

458

稼ぐまちが地方を変える
誰も言わなかった10の鉄則

木下　斉

スローガンだけの「地方創生」はもういらない。稼ぐ民間が、まちを、公共を変える！　地域ビジネスで利益を生むための知恵を10の鉄則にして伝授。

460

火山入門
日本誕生から破局噴火まで

島村英紀

列島誕生から東日本大震災を超える被害をもたらす超巨大噴火の可能性まで、日本人が知っておきたい「足下」の驚異を碩学がわかりやすく説く。

461